FALKEN LÄNDERKÜCHE

SPANIEN

Anneliese Puente

FALKEN

Inhalt

Vorwort

Die unterschiedlichen klimatischen und geologischen Verhältnisse in den einzelnen Regionen machen den Reiz Spaniens aus und bieten seiner Küche die Möglichkeit, sich sehr farbig und abwechslungsreich zu präsentieren.
Jede Region hat ihre speziellen Nahrungsmittel und Produkte und bereitet daraus typische Speisen zu. Das fruchtbarste Gebiet liegt im Norden des Landes, an der Atlantikküste. Hier gibt es Fisch-, Fleisch- und Gemüsespezialitäten, die zweifellos nicht nur spanische Gourmets zufriedenstellen. In Katalonien finden wir z. B. die Zarzuela, eine Zusammenstellung aus Fischen und Meeresfrüchten, in Aragonien und im Baskenland den Ajoarriero, ein Stockfischgericht mit Knoblauch, Öl und Eiern. Im Landesinneren, in Kastilien, sind Hammelbraten aus einem Lehmofen eine bekannte Spezialität. Viele Restaurants verfügen über einen solchen Ofen.
Die Küche im Süden und an der Mittelmeerküste bietet besonders leichte Gerichte. Eine valencianische Spezialität ist der »turrón«, eine aus Mandeln, Pinienkernen und Nüssen hergestellte Masse, die besonders zu Weihnachten sehr gerne gegessen wird.

Die Spanier sind verwöhnte Esser und stellen hohe Ansprüche an die Küche. Sehr beliebt als Frühstück oder auch am Ende einer durchfeierten Nacht sind die »churros«, in Öl fritierte Teigkringel oder -stangen, zu denen man heiße Schokolade trinkt. Ein Menü beginnt immer mit mehreren kleinen und großen Vorspeisen, als Hauptgericht folgen ein Gang mit Fisch und einer mit Fleisch. Beilagen werden nicht gereicht, man ißt die Speisen mit Weißbrot. Abgerundet wird alles mit einem Dessert. Und zum Abschluß nimmt man noch eine »copa«, ein Glas Cognac oder Likör oder einen Anis und dazu oder danach einen Kaffee. Diesen trinken die Spanier »solo«, also ohne Milch, »cortado«, mit wenig Milch, oder »con leche«, mit sehr viel Milch. Doch ein Menü wäre ohne das passende Getränk unvollständig, und man würde es mit weniger Freude genießen. Zu jedem kleinen Imbiß und zu jedem Menübestandteil können die einzelnen Regionen die passende Weinsorte liefern. Wein ist das Getränk schlechthin. So löscht auch heute noch der Bauer auf dem Feld unter der glühendheißen Sonne seinen Durst, indem er nach seiner »bota«, seinem Weinbeutel aus Leder, greift. Und beim Besuch eines Stierkampfes darf die »bota« mit frisch gekühltem Rotwein ebenfalls nicht fehlen. Bei Tisch wird der Wein jedoch in Gläsern serviert, oder, wenn auch heute seltener, in den »porróns«, den bekannten langhalsigen, kegelförmigen Flaschen mit dem Trinkrohr an der Seite. Die Flasche wird angehoben, und man läßt den Wein in die Kehle rieseln.
Neben dem Wein steht auf jedem Eßtisch Wasser. Den »botijo«, ein Keramikkrug mit Henkel und Tülle, findet man in vielen Haushalten.
Die Spanier feiern gerne Feste, und auch ein erfolgreich abgeschlossenes Geschäft ist ein besonderer Anlaß, ein gutes Essen zu genießen.
Mit diesem Buch will ich Ihnen die kulinarische Vielfalt der spanischen Küche zeigen, und ich wünsche Ihnen viel Freude beim Entdecken und Genießen.
An dieser Stelle möchte ich mich noch sehr herzlich bei Herrn Fermin Salinero Ponce de Leon für seine wertvollen Hinweise und für seine Fachberatung bedanken. Seine langjährige Erfahrung als Koch in bekannten spanischen Restaurants und seine Kenntnisse der spanischen Küche waren mir immer eine große Hilfe.

Ihre Anneliese Puente

Zu Spanien gehören auch die Kanarischen Inseln vor der Nordwestküste Afrikas

Spanien stellt sich kulinarisch vor

Galizien

Seine ausgedehnten Küstenstreifen am Atlantik und sein gemäßigtes Klima im Inneren machen Galizien im Nordwesten Spaniens zu einer der kulinarisch interessantesten Regionen. Nirgendwo sonst ist das Angebot an Fischen und Meeresfrüchten so vielfältig und reichhaltig wie hier. Kabeljau, Meerbrassen, Sardinen, Meeraal, Jakobsmuscheln, Venus- und Miesmuscheln, Austern, Langusten, Krabben, Krebse aller Größen und Hummer sind nur einige Sorten. Die ausgedehnten Weideflächen erlauben eine bedeutende Nutztierzucht und die Fleisch-, Wurst- und Schinkensorten sind von bester Qualität. Eine Spezialität der Region ist »Lacón con grelos«, gekochter Vorderschinken vom Schwein mit Kartoffeln, Paprikawürsten und Rettichblättern. Das Gericht wird ähnlich zubereitet wie der »Caldo Gallego«, eine Suppe aus Bohnen und Weißkraut (siehe Rezept S. 72).
Weitere bekannte Rezepte sind: Austernsuppe (siehe Rezept S. 77), Jakobsmuscheln Rias-Bajas-Art (siehe Rezept S. 143), Gebackene Austern (siehe Rezept S. 142), Kraken nach galizischer Art (siehe Rezept S. 37), Lendenpastete (siehe Rezept S. 46), Kapaun mit Austern (siehe Rezept S. 104), Queimada (siehe Rezept S. 32).

Gebirgslandschaft in Kantabrien

Küstenlandschaft in Asturien

Asturien

Wie alle Regionen, die am Atlantik liegen, so liefert auch Asturien ein großes Fischangebot. Die gebirgige Landschaft im Inneren mit vielen Bächen und grünen fruchtbaren Tälern mit üppiger Vegetation ermöglicht der Bevölkerung in verstärktem Maße Vieh zu züchten. Ausgezeichnete Milch- und Käseprodukte, wie der bekannte Käse von Cabrales, werden hier erzeugt, und aus den Äpfeln keltern die Spanier einen Wein, den sogenannten Sidra.
Spezialitäten sind: Bohneneintopf aus Asturien (siehe Rezept S. 87), Seehecht à la Sidre (siehe Rezept S. 124), Fischeintopf à la Gijón (siehe Rezept S. 80) und Reispudding (siehe Rezept S. 146).

Kantabrien

Kantabrien liegt im Norden Spaniens, an der Atlantikküste. Daher ist Fisch die Grundlage sehr vieler Gerichte, und die kantabrische Hausfrau versteht Sardinen, Sardellen, Seebarsche und Brassen sowie den Lachs, der heute jedoch nur noch selten aus den klaren Gebirgsbächen, sondern vielmehr aus Norwegen und Schottland kommt, auf vielseitige Art zuzubereiten.
Das milde Klima ist ideal für den Obst- und Gemüseanbau, und die grünen, saftigen Weiden erlauben die Aufzucht von Rindern, Schweinen und Geflügel.
Spezialitäten sind: Sardinen in Weinblättern (siehe Rezept S. 129), Muscheln nach Seemannsart (siehe Rezept S. 140), Heilbutt mit Pinienkernen (siehe Rezept S. 126) und Lachs in Champagnersauce (siehe Rezept S. 132).

Baskenland

Die baskische Küche ist von Fischen und Meeresfrüchten geprägt und dies nicht nur von frischen Fischen. Auch die unzähligen Stockfischgerichte erfreuen sich im ganzen Land großer Beliebtheit. Eintöpfe, die ursprünglich von den Fischern während ihrer Fangzüge auf den Schiffen zubereitet wurden, sind in verfeinerter Form in die baskische Küche einbezogen.
Spezialitäten sind: Stockfisch »Pil-Pil« (siehe Rezept S. 119), Meerbrasse in Safransauce (siehe Rezept S. 120), Thunfischeintopf (siehe Rezept S. 82), Wachteln mit Weintrauben (siehe Rezept S. 112) und Gebackene Milch (siehe Rezept S. 149).

Ibiza, Altstadt von Eivissa

Navarra

Die Region Navarra in den Pyrenäen ist ein beliebtes Jagdrevier. Wildgerichte mit Rebhühnern, Wachteln, Wildschweinen, Rehen und Hirschen, Fasanen und Wildtauben prägen daher den Charakter dieser Küche. In den grünen Flußtälern züchten die Bauern in verstärktem Maße Rinder. Typische Käsesorten wie der Roncal, sehr gute Rotweine sowie der Schlehenlikör Pacharan sind im ganzen Land bekannt.
Spezialitäten sind: Forelle Navarra Art (siehe Rezept S. 133), Rebhuhn mit Schokoladensauce (siehe Rezept S. 111) und Kalbszunge (siehe Rezept S. 114).

La Rioja

Umgeben von Hochgebirgszügen verfügt die Region La Rioja über ein Mikroklima, das für den ausgedehnten Gemüse- und Weinanbau von entscheidender Bedeutung ist. Er deckt nicht nur einen Großteil des Bedarfs im eigenen Land, sondern die Produkte sind auch für den Export bestimmt. Erstklassige Gemüsesorten, wie Spargel, Artischocken oder Paprikaschoten werden sowohl frisch angeboten als auch zu Konserven verarbeitet. Die berühmtesten spanischen Weine reifen in dieser vom Klima begünstigten Landschaft.
Spezialitäten sind: Gemüsetopf (siehe Rezept S. 54), Gefüllte Paprikaschoten (siehe Rezept S. 56) und geschmortes Hammelfleisch mit Paprikaschoten (siehe Rezept S. 103).

Aragonien

Die Region im Nordosten umfaßt die Provinzen Huesca, Saragossa und Teruel. Ihre Gerichte sind einfach und kräftig.
Das Ebrotal, der Obst- und Gemüsegarten Aragons, liefert Birnen, Pfirsiche und Aprikosen von allerbester Qualität. Neben einer ausgedehnten Schaf- und Schweinezucht ist der Weinanbau von großer Bedeutung.
Besondere Gerichte aus der Gegend: Stockfisch nach aragonesischer Art (siehe Rezept S. 118), Hähnchen nach aragonesischer Art (siehe Rezept S. 107) und Birnen in Rotwein (siehe Rezept S. 152).

Katalonien

Katalonien ist die nordöstlichste Region Spaniens, liegt am Mittelmeer, und ihre Küche blickt auf eine sehr alte Tradition zurück. Die charakteristischen Meeresfrüchteplatten und Fischsuppen schmecken vorzüglich. Geflügel und Rindfleisch aus dieser Region sind für ihre Qualität bekannt. Und auch von den Obst- und den Mandelbaumplantagen kommt gute Ware auf den Markt. Die Weißweine, die Schaumweine, der Brandy und die hochprozentigen Liköre dieser Gegend sind über die Grenzen hinaus bekannt.
Spezialitäten sind: Fische- und Meeresfrüchtezarzuela (siehe Rezept S. 139), Fischsuppe (siehe Rezept S. 74) und Gans mit Birnen (siehe Rezept S. 105).

Balearen

Auf diesen Mittelmeerinseln, die größten sind Mallorca, Menorca, Ibiza und Formentera, wird vor allem der Anbau von Mandelbäumen gepflegt, und die Mandelblüte im Frühling zieht viele Touristen an. Was die Küche betrifft, so kommen Fischliebhaber hier auf ihre Kosten. Aber auch Gemüsesuppen mit Knoblauch, Lauch, Zwiebeln, Kohl und Tomaten gehören ebenso zu den Spezialitäten der Inseln wie der beliebte Hefekuchen mit Marzipanfüllung (ensaimada). Die weltberühmte Mayonnaise hat übrigens ihren Ursprung in Mahón auf Menorca. Bekannt ist auch die Wurst »sobrasada«, die mit viel rotem, mildem Paprika gewürzt ist.
Spezialitäten sind: Languste nach balearischer Art (siehe Rezept S. 137), Gefüllte Tintenfische (siehe Rezept S. 134) und Auberginen auf mallorquinische Art (siehe Rezept S. 52).

Valencia

Die Region Valencia umfaßt die Provinzen Castellón, Valencia und Alicante.
Ihr subtropisches Klima begünstigt den Reisanbau, und unzählige Reisgerichte sind typisch für diese Region. Am bekanntesten ist wohl die Paella, die es in mehreren Variationen gibt – nur mit Gemüse, nur mit Fleisch oder mit Fleisch, Fisch und Meeresfrüchten. Der Orangen- und Zitronenanbau kann einen Teil des europäischen Bedarfs decken. Auch Weintrauben und Zuckerrohr kultiviert man hier.
Durch die Mauren wurde die Küche stark arabisch geprägt. Dies ist heute noch bei vielen Süßspeisen und Gebäckstückchen zu merken, und so manches Rezept findet man sowohl in Valencia als auch in anderen arabischen Ländern.
Spezialitäten sind: Valencianische Paella (siehe Rezept S. 88), Reispfanne mit Fisch (siehe Rezept S. 80), Mittelmeerbarben mit feinen Kräutern (siehe Rezept S. 128) und die Orangentorte (siehe Rezept S. 156).

Murcia

Der Gemüse- und Obstgarten Murcias besitzt nicht nur für die spanische Küche eine wirtschaftliche Bedeutung. Die Konserven- und Marmeladenproduktion nimmt hier eine wichtige Stellung ein, und der Anbau von Zitrusfrüchten, Melonen und Wein hat hier eine besonders alte Tradition.
Spezialitäten sind: Honigmelone mit Schinken (siehe Rezept S. 50), Seeteufelterrine (siehe Rezept S. 48), Grüne Bohnen mit Schinken (siehe Rezept S. 50), Gefüllte Melonen nach tropischer Art (siehe Rezept S. 153) und Apfelbeignets (siehe Rezept S. 147).

Katalonien, Ebrodelta

Valencia, Rio Jucar

Andalusien

Andalusien als südlichste und größte Region Spaniens teilt sich in den gebirgigen Osten und in die flache weite Ebene im Westen mit dem Guadalquivir-Delta. Zweifellos ist Andalusiens Hauptprodukt das Olivenöl. Daneben werden in ausgedehntem Maße Schweine gezüchtet, und die luftgetrockneten Schinken genießen einen besonders guten Ruf. Die Region Sevilla ist durch ihre Stierzucht bekannt. Das günstige warme Klima erlaubt den Anbau von Melonen und Zitrusfrüchten. Auch gute Käsesorten haben in Andalusien ihren Ursprung.

Neben einem beträchtlichen Rotweinanbau wird der bekannte Sherry im Gebiet um Jerez de la Frontera hergestellt. Malaga produziert den gleichnamigen, weltweit geschätzten Süßwein. Ein guter Weißwein kommt aus Huelva (Gegend von Condados).

Spezialitäten sind: Kalte Gemüsesuppe aus Andalusien (siehe Rezept S. 79), Suppe aus weißem Knoblauch mit Weintrauben (siehe Rezept S. 79), Garnelen in Knoblauch (siehe Rezept S. 39), Goldbrasse im Salzmantel (siehe Rezept S. 120) und Stierschwanz nach Jerez-Art (siehe Rezept S. 95).

Andalusien, die Alhambra in Granada

Teneriffa, Bananenplantage

Kanarische Inseln

Diese Inselgruppe vor der Nordwestküste Afrikas ist, bedingt durch das subtropische Klima, als Reiseziel beliebt. Angepflanzt werden Getreidesorten, wie Weizen, Gerste und Mais sowie Obst. Bananenstauden sind hier weit verbreitet, aber auch Zitrusfrüchte, Gemüse, wie Tomaten und Kartoffeln, und Tabak gedeihen hier vortrefflich. Die Fischerei stellt eine andere bedeutende Einnahmequelle der Inselbewohner dar.

Spezialitäten dieser Küche sind: Kanarisches Fischgericht (siehe Rezept S. 85), Seezunge Teneriffa-Art (siehe Rezept S. 121) und Gefüllte Tomaten kanarische Art (siehe Rezept S. 56).

Kastilien – La Mancha, Windmühlen in der Provinz Toledo

Kastilien-Leon

Diese Region ist die Kornkammer Spaniens. Endlose Weizenfelder ziehen sich über die Meseta hin. Große Temperaturschwankungen, sehr heiße Sommer und sehr kalte Winter und die karge Steppenlandschaft prägen ihren Charakter.
Weit verbreitet ist die Schafzucht. Sie liefert hochwertige Wolle und ein auserlesenes, feines und würziges Fleisch. Die auf Weinreisig gegrillten Lammkoteletts und die gebratenen Milchlammkarrees oder Keulen sind unübertroffen. Bemerkenswert ist auch die Schweinezucht. Segovia rühmt sich seiner Spanferkelgerichte. Daneben gehören Zuckerrüben und neuerdings auch Sonnenblumen ebenso zu den landwirtschaftlichen Hauptprodukten. Der Weinanbau entlang des Duerotales zeichnet sich besonders durch seine feinen und berühmten Weine aus.
Spezialitäten sind: Knoblauchsuppe (siehe Rezept S. 72), Lammkeule mit Nieren gefüllt (siehe Rezept S. 102), Lammleber nach Schäferart (siehe Rezept S. 51), Meeraal in grüner Sauce (siehe Rezept S. 122), Mittelalterliches Dessert (siehe Rezept S. 151) und Arme Ritter (siehe Rezept S. 150).

Estremadura

Die Estremadura ist im wesentlichen eine Region des Ackerbaues und der Viehzucht. Wild, Flußfische und Wein sind wichtige Zutaten der sehr ursprünglichen und einfachen Küche. In den großen Eichenwäldern werden die schwarzen iberischen Schweine gehalten. Ausgedehnte Tabakpflanzungen finden sie in den fruchtbaren Flußtälern.
Spezialitäten sind: Brotkrümchengericht Tierra-de-Barros-Art (siehe Rezept S. 57), Fasan Alcántara-Art (siehe Rezept S. 110) und Kalbfleischterrine (siehe Rezept S. 47).

Kastilien-La Mancha

Das Bild von der weiten und baumlosen Landschaft La Mancha mit ihren Windmühlen und Burgen, den sogenannten Castillos, ist seit Miguel de Cervantes ohne »Don Quijote« unvorstellbar.
Auch hier sind der Getreideanbau und die Schafzucht weit verbreitet. Unter anderem gedeihen Safrankulturen, Kichererbsen und Melonen in diesem teilweise sehr warmen Klima. Der ausgedehnte Weinanbau, der gute Sorten hervorbringt, ist von großer Wichtigkeit.
Bemerkenswert ist die Gemüsepfanne La-Mancha-Art (siehe Rezept S. 53).

Madrid

Madrid ist nicht nur die Hauptstadt der gleichnamigen Region, sondern des ganzen Landes, und seine Küche genießt einen ausgezeichneten Ruf. Durch die ständige Zuwanderung der Spanier aus den Provinzen hat sich im Laufe der Jahre eine sehr vielseitige Küche entwickelt.
Bekannte Gerichte sind: Madrider Eintopf mit Kichererbsen (siehe Rezept S. 86), Spanisches Omelett (siehe Rezept S. 43), Gemischter Salat (siehe Rezept S. 62), Russischer Kartoffelsalat (siehe Rezept S. 64) und Karamelpudding (siehe Rezept S. 148).

Die Entwicklung der Kochkunst in Spanien

Als etwa 1100 v. Chr. die Phönizier die Weinreben und später die Griechen den Ölbaum nach Spanien brachten, wurde die Grundlage für eine Ernährungsweise entwickelt, die ganz Europa beeinflußte. Durch das Eindringen der Kelten an der Nordküste Spaniens lernten die dortigen Bewohner den Gebrauch tierischer Fette und die Kultivierung des Roggens kennen. Die Araber brachten im 7. Jahrhundert nordafrikanische und orientalische Sitten nach Spanien und hinterließen besonders in Andalusien und in der Levante (der Küstenregion von Valencia und Murcia) ihre Spuren. Die Vielfalt an Spezialitäten aus Reis und Mehl sowie an Süßigkeiten entstammt dieser Epoche, denn von ihren Meisterköchen ließen sich die Kalifen besonders delikate und aufwendige Mehl- und Reisspeisen zubereiten. Auch der Gebrauch seltener Gewürze ist aus alten Aufzeichnungen dieser Zeit ersichtlich. Ein weiterer wichtiger Schritt in der Geschichte der spanischen Küche war die Verwendung von Produkten, die die Entdecker Amerikas von ihren Fahrten mitbrachten, also vor allem von Kartoffeln, Mais, Tomaten und Kakao.

Die ersten schriftlichen Erläuterungen und Zubereitungsanweisungen für bestimmte Lebensmittel und Gerichte findet man im christlichen Spanien. Im ersten katalanischen Kochbuch »llibre del coc«, von Ruperto de Nola aus dem Jahr 1520, sind ziemlich vollständige und detailliert beschriebene Rezepte enthalten.
Als Koch des Königs von Neapel, Ferdinand I., kreierte er raffinierte Gerichte, die mit Gewürzen und mit Zucker verfeinert wurden. Diese Zutaten waren in der damaligen Zeit nur für hochgestellte Persönlichkeiten erschwinglich und die entsprechenden Speisen daher sehr kostspielig.
Während des 16. Jahrhunderts erschienen in verschiedenen Städten Spaniens Kochbücher. Der Koch des Königs Philipp II., Diego Granado Maldonado, wurde durch sein Buch »El libro del arte de la cocina«, das 1599 in Madrid publiziert wurde, bekannt. Hier sind unter anderem auch Hinweise auf Kranken- und Genesungskost, Gebäck und Torten sowie auch auf verschiedene Konservierungsmethoden zu finden.
In den darauffolgenden Epochen entstanden mehr oder weniger bekannte Publikationen, besonders über Backwerk und andere Süßigkeiten, die sich in den Königshäusern einer großen Beliebtheit erfreuten.
Eine gastronomische Hochburg war die Küche des Benediktinerklosters von Alcántara. Für seine Fasanen- und Rebhuhngerichte sowie für die delikaten Menüs aus Entenlebern und Trüffeln war sie im ganzen Land berühmt. Als Napoleons Truppen das Kloster ausplünderten, benutzten sie Kochmanuskripte, um daraus Patronen für ihre Flinten herzustellen.

Glücklicherweise wurden jedoch einige Rezepte gerettet und nach Frankreich gebracht. Sie bildeten den Ausgangspunkt für die Entenleberpastete und das »consumado«, die heutige Consommé.
Zu Beginn des 20. Jahrhunderts begann man, Kochbücher für die unteren Klassen zu schreiben. Interessant sind die Werke von Ignacio Doménec Puigcercós, den man als Wegbereiter der modernen Küche bezeichnen kann. Doch die eigentliche Blütezeit erlebte die gastronomische Literatur erst nach dem Bürgerkrieg. Erwähnenswert ist hier das Buch »El que hem menjat« von Josep Plá.
Für die volkstümliche Küche war die mündliche Überlieferung von Rezepten und Zubereitungsarten wichtig. Viele dieser rustikalen Gerichte sind auch heute noch in ursprünglicher Form zu finden, andere hingegen werden ständig variiert.

Fleisch, Wild, Geflügel und Innereien

Die Domäne der spanischen Rinderzucht liegt im Norden des Landes, dessen grüne, saftige Weiden dafür optimale Bedingungen bieten. Aber auch Schweine und Geflügel von besonderer Qualität kommen aus diesen Regionen.
Das Zentrum der Iberischen Halbinsel ist durch extrem dürre Sommer mit trockener Luft und wenig Niederschlägen gekennzeichnet und bietet optimale Weideflächen für Schafe und Ziegen. Die aromatischen Kräuter sowie das dürre Gras geben dem Fleisch eine besondere Würze. Aber auch Wachteln, Rebhühner, Fasane und Hasen sind hier zu finden. Der Süden Spaniens ist, was die Tierzucht betrifft, sehr benachteiligt. Trotzdem pflegt man die Schweinezucht und die Schinken und Würste, die aus diesen Regionen kommen, sind weit über die Landesgrenzen hinaus berühmt.

Rindfleisch
Gutes Rindfleisch ist hell bis kräftigrot, von kleinen Fettäderchen durchzogen und fühlt sich fest an. Das Fleisch von älteren Tieren hat eine dunkelrote Farbe und ist zäher.

Kalbfleisch
Kalbfleisch sollte eine hellrosa bis leicht rote Farbe haben. Wenn es sich weich anfühlt, mager und wäßrig aussieht oder eine dunkelrote Farbe aufweist, ist es von minderer Qualität. Innereien vom Kalb, wie Nieren, Zunge, Leber, Bries, Hirn und besonders Kutteln stellen in Spanien besondere kulinarische Leckerbissen dar und werden von vielen spanischen Hausfrauen gekonnt zubereitet.

Schweinefleisch

Das Fleisch vom Schwein hat eine rosa Farbe, es ist fest und sollte gut marmoriert sein. Aus dem Blut und den Innereien werden Wurstwaren hergestellt.
Sehr beliebt sind in Spanien auch Spanferkel, die in einigen Gegenden als Spezialität auf der Speisekarte stehen.

Hammel- und Lammfleisch

Hammel- und Lammfleisch ist häufig etwas fett, fest und hat eine kräftigrote Farbe. Seinen würzigen, vorzüglichen Geschmack erhält es durch die Art der Aufzucht der Tiere, die auf den mit aromatischen Kräutern übersähten Wiesen weiden. Beliebt sind auch die Milchlämmer. Ihr Fleisch ist rosa und ganz besonders zart. Daneben verwertet die spanische Hausfrau die Innereien, wie Hirn und Nieren, aber auch Kopf und Füße in speziellen Gerichten.

Hase

Ein Hase ist, frisch geschlachtet, von vorzüglicher Qualität. Beim Kauf sollte man darauf achten, daß das Tier nicht älter ist als ein Jahr. Sein Fleisch ist dann hellrot und er wiegt 2 bis 3 kg. Den würzigen, manchmal strengen Wildgeschmack kann man durch das Einlegen in Marinaden mildern.

Schinken und Würste

Schon zur Zeit der Römer waren Wurstwaren und Schinken aus Spanien sehr begehrte Produkte. Typische Herstellungsmethoden verbreiteten sich daher sehr schnell im ganzen Land und werden auch heute noch gepflegt.
Man unterscheidet vor allem den Serrano-Schinken vom sogenannten Schinken »Iberico«. Beide sind luftgetrocknet, der Serrano-Schinken stammt jedoch von gezüchteten Hausschweinen, der Schinken »Iberico« von den schwarzen iberischen Schweinen, die freilaufend in den Eichen- und Korkbaumwäldern gehalten werden. Nach dem Schlachten wird das Schinkenfleisch mit etwas Pökelsalz eingerieben und zum Trocknen aufgehängt. Durch das günstige, trockene Klima im Landesinneren und in den Bergen der südlichen Regionen erhält der Schinken eine vorzügliche Qualität und den typischen Geschmack.
Von den Würsten ist der Chorizo am bekanntesten. Es handelt sich dabei um eine Rohwurst aus Schweinefleisch, Zwiebeln und Paprikapulver, die getrocknet wird. Sie ist auch in Öl eingelegt erhältlich.

Huhn

Durch die vielen Zuchtfarmen ist in Spanien auch das Angebot an Hähnchen, Hühnern und Poularden unendlich groß. Ein gemästetes Hähnchen hat helles Fleisch und wiegt zwischen 1 und 2 kg.
Einen großen Zuspruch haben die freilaufenden Zuchthühner der Bauernhöfe. Ihr Fleisch ist etwas fester und kräftiger im Geschmack.

Kapaun

Der Kapaun ist ein kastrierter Masthahn. Durch die besondere Aufzucht erhält man ein ausgezeichnetes Geflügelfleisch. Ein Kapaun kann ein Gewicht von bis zu 4 kg erreichen und hat eine fast weiße Haut.

Gans

Die Gans findet man in der spanischen Küche relativ selten. Sie hat dunkles Fleisch und ist äußerst fettreich. Trotzdem gibt es in bestimmten Gegenden, wie z. B. in Katalonien, sehr schmackhafte Rezepte.

Fasan

Ein guter Fasan ist richtig zubereitet eine Delikatesse. Bevorzugen Sie junge Tiere, die man an einem biegsamen Brustbein erkennt. Die Beine sind dann grau und der Sporn stumpf.

Rebhuhn

Rebhühner, hier vor allem die weiblichen Tiere, liefern zartes und saftiges Fleisch. Junge Tiere sind rund und dick, haben eine biegsame Brustspitze und gelbe Beine.

Wachtel

Obwohl diese Vögel in vielen Gegenden Spaniens gejagt werden, kommt das größte Angebot aus den Zuchtfarmen. Der Wildvogel hat dunkleres, magereres Fleisch als der gezüchtete, und der typische Wildgeschmack ist für ihn charakteristisch.

Fische und Meeresfrüchte

Bedingt durch den großen Anteil an Küstenregionen sowie durch die Inselgruppen der Kanaren und Balearen steht Spanien im Vergleich zu anderen europäischen Ländern nicht nur im Fischfang sondern auch im Fischverbrauch an erster Stelle. Fische und Meeresfrüchte sind hier Grundnahrungsmittel, und niemand versteht sie so gut zuzubereiten wie die Spanier. Das überreiche Angebot an Fischen, Schalen- und Krustentieren ist unerschöpflich, in welche Küstenregion man auch immer kommt. Doch die größte Auswahl findet man selbstverständlich in Madrid. Ob nun ein Schwertfisch, ein schwarzer Heilbutt oder ein Thunfisch, es gibt für jeden Geschmack und für jeden Geldbeutel den passenden Fisch. Eine besondere Delikatesse sind zum Beispiel die »angulas«, ganz junge Aale, die aber häufig überteuert angeboten werden. Süßwasserfische aus den Flüssen und Seen des Landes ergänzen die reichhaltige Auswahl.
In gleicher Weise wie die Fische erfreuen sich auch die Meeresfrüchte großer Beliebtheit, doch leider sind sie auch in Spanien sehr viel teurer. Ein breites Angebot unterschiedlichster Krusten- und Schalentiere ist auf den Märkten zu finden. Und das im wesentlichen das ganze Jahr über. Während man Hummer, Langusten, Scampi und Garnelen einfrieren kann, ist dies bei Austern und allen anderen Muscheln nicht möglich. Sie werden immer frisch gegessen. Beim Kauf müssen Sie darauf achten, daß die Tiere ganz frisch sind. Die Muscheln sollten, ebenso wie Hummer, Langusten und Krebse, bis zur Zubereitung noch leben. Der Verzehr nicht einwandfreier Tiere führt zu schweren Vergiftungen.
Nun stelle ich Ihnen einige Fische und Meeresfrüchte vor.

Salzwasserfische

Kabeljau ①
Der am meisten verzehrte Fisch in Spanien ist der Kabeljau. Das liegt unter anderem daran, daß er sehr vielseitig verwendet werden kann.

Merlan ②
Dieser Fisch ist in Spanien unter dem Namen Pescadilla bekannt. Er hat ein sehr feines, aber festes Fleisch, ist jedoch leider relativ teuer.

Seehecht ③
Der Fisch ist eng verwandt mit den Dorschfischen und hat ein feines, weißes Fleisch. Er ist in Spanien hoch geschätzt.

Meeraal ④
Dieser schlangenförmige Fisch kann bis zu 3 m lang werden. Sein Rükken ist dunkelgrau, sein Bauch weiß. Das weiße Fleisch ist sehr fest, schmeckt sehr würzig, hat aber leider sehr viele harte Gräten. Den intensiven Geruch, den er beim Kochen verbreitet, schreckt in Spanien niemanden von der Zubereitung ab.

Seebarsch ⑤
Den See- oder Wolfsbarsch mit der silberblaugrauen Haut und dem eleganten länglichen Körper kennt man in Spanien unter dem Namen Lubina, was soviel wie kleiner Wolf bedeutet. Leider ist er sehr teuer. Sein Fleisch ist weiß und fest und hat einen exquisiten Geschmack. Er wird auf vielfältige Art zubereitet und ist bei Festmenüs sehr gefragt.
Er kann bis zu 1 m lang werden, kommt aber meist zwischen 40 und 60 cm groß auf den Markt.

Seeteufel ⑥
Dieser Fisch mit dem riesigen Kopf und dem schmalen Körper hat sehr festes, weißes Fleisch. Sein Kopf ist für die Zubereitung von Fischsuppen sehr geeignet. Bevor man das zarte Fischfleisch gart, muß man die dunkle Haut entfernen.

Meerbarben ⑦
Sehr beliebte Fische sind auch die Meerbarben. Man kann sie leicht an der leuchtenden hellroten Farbe und an den Bartfäden erkennen. Sie werden bis zu 25 cm lang und haben sehr große Schuppen. Besonders fein im Geschmack sind die kleineren Fische.

Graubarsch ⑧
Dieser Fisch, der zu den Meerbrassen gehört, wird vor allem an der kantabrischen Küste gefangen. Der meist 30 bis 50 cm lange Speisefisch kommt vorwiegend mit 500 g bis 2 kg auf den Markt. Sein Fleisch ist fest, er hat eine silbern glänzende Haut und ist durch einen schwarzen Fleck über der Brustflosse leicht erkennbar. Er wird besonders gerne gegrillt oder gebacken als Festmahl serviert.

Goldbrasse ①
Die Goldbrasse zählt zu den am meisten geschätzten Fischen im Atlantik- und Mittelmeergebiet. Ihr Rücken ist blauschwarz, die Seiten silbergrau und der Bauch weiß. Die harten Schuppen umgeben ihren Körper wie ein fester Panzer. Zwischen den Augen ist ein goldenes Band zu sehen, das jedoch verblaßt, wenn das Tier nicht mehr lebt. Goldbrassen ernähren sich von Krebs- und Weichtieren. Ihre starken Zähne vermögen sogar Muscheln zu zerbeißen. Die Fische können bis zu 60 cm lang werden und wiegen normalerweise 1 bis 1½ kg. Das weiße Fleisch ist sehr fein, und es gehört zu den nicht alltäglichen Ereignissen, eine Goldbrasse aus dem Mar Menor in Murcia genießen zu können.

Heilbutt ②
Diesen großen Plattfisch findet man in fast allen Meeren. Sein Fleisch ist sehr fein und die spanischen Heilbuttgerichte sind sehr beliebt.

Seezunge ③
Die Seezunge ist ein sehr begehrter Plattfisch mit einer hell- bis dunkelgrauen Haut auf der oberen Seite und einer weißen Haut auf der unteren Seite. Ihr Fleisch ist weiß und sehr fein. Sehr gut schmecken Seezungen, die 15 bis 25 cm groß und 200 bis 400 g schwer sind.

Steinbutt ④
Der Steinbutt gehört ebenfalls zu den Plattfischen und wird als Delikatesse geschätzt. Er ist nicht beschuppt, die Haut enthält jedoch kleine Knochenhöcker. Sein Fleisch ist fest und weiß. Steinbutt wird in Spanien sehr gerne gedünstet und mit Saucen serviert.

Thunfisch ⑤
Diese silberblauen bis grünlichen Fische können bis zu 4 m lang werden. Am bekanntesten sind der große rote Thunfisch, der weiße Thunfisch und der kleine Bonito. Der größte Teil des Thunfischfleisches wird zu Konserven verarbeitet. Aber auch frisch ist er auf spanischen Märkten erhältlich.

Sardinen ⑥
Dieser kleine, grausilberne, relativ fettreiche Fisch mit dem sehr intensiven Aroma ist einer der am weitesten verbreiteten Fische. Er gehört zur Heringsfamilie und ist etwa 16 cm lang. Größere und ältere Fische werden in Deutschland »Pilchard« genannt. Eine der beliebtesten Zubereitungsarten ist das Grillen, aber auch konservierte Sardinen sind erhältlich.

Sardellen ⑦
Sardellen sehen ähnlich aus wie Sardinen. Sie sind jedoch meist etwas kleiner und haben einen schmalen, mit silbernglänzenden Schuppen bedeckten Körper. In Gewürztunke eingelegt werden sie Anchovis genannt. Beliebte Zubereitungsarten sind das Fritieren. Sardellen werden jedoch auch häufig 24 Stunden in Essig eingelegt und dann mit Knoblauch und Petersilie garniert.

Stockfisch und Klippfisch ⑧
Obwohl in Spanien eine Fülle an frischen Fischen auf dem Markt ist, erfreut sich Stockfisch ebenfalls großer Beliebtheit. Es handelt sich dabei um getrockneten Fisch. Wird er vor dem Trocknen in eine Salzlake gelegt, kommt er als Klippfisch in den Handel. Für die Herstellung von Stockfisch oder von Klippfisch sind Kabeljau, Seelachs, Schellfisch, Leng und Lumb geeignet. Viele schmackhafte Gerichte werden aus seinem Fleisch zubereitet. Der getrocknete und eingesalzene Fisch muß jedoch vorher mindestens 24 Stunden gewässert werden.

Süßwasserfische

Hecht ⑨
Dieser langgestreckte Fisch lebt in Flüssen und Seen. Er ist einer der größten Süßwasserfische. Der obere Teil seines Körpers zeigt eine dunkelgrünliche und der untere Teil eine weiße Farbe. Typisch sind die hellen Flecken. Hechte können bis zu 1½ m lang werden. Sie haben weißes Fleisch, das im Geschmack sehr würzig, aber manchmal etwas trocken ist. Leider hat der Hecht viele Gräten. In Spanien wird der Fisch meist mit reichlich Sauce serviert.

Forelle ⑩
Die Forelle, die in Flüssen und Seen mit sehr klarem Wasser lebt, wird als Speisefisch sehr geschätzt. Ihre Haut ist glatt, schleimig und schillert in den verschiedensten Farben. Man unterscheidet Regenbogenforellen und Bachforellen. Lachsforellen sind Regenbogenforellen, die in Meerwasser und mit speziellem Futter aufgezogen werden, so daß ihr Fleisch eine Lachsfarbe erhält. Forellen haben einen feinen Geschmack, und es lassen sich daraus wohlschmeckende Gerichte zubereiten.

Lachs ⑪
Der Lachs ist ein Wanderfisch. Die jungen Lachse wandern ins Meer und kehren zum Laichen wieder an ihren Geburtsort, in die Flüsse, zurück. Die Haut dieses Fisches ist hellgrau, dick und mit Schuppen bedeckt. Der in Spanien auf den Märkten angebotene Lachs ist etwa 1 m lang. Das rosarote Fleisch schmeckt sehr gut und hat ein würziges, intensives Aroma. Eine bevorzugte Zubereitungsart ist das Grillen. Auch findet man überall in Spanien ein reichhaltiges Angebot an geräuchertem Lachs.

Krustentiere

Langusten ①
Man nennt sie auch die Königin unter den Krustentieren. Im Gegensatz zum Hummer hat sie keine Scheren, sondern zwei lange Fühler, mit denen sie knarrende Laute zu erzeugen vermag, wenn sie sich bedroht fühlt. Langusten können bis zu 60 cm lang und bis zu 5 kg schwer werden. Ihr exquisites Fleisch macht sie zu einer der begehrtesten, aber auch teuersten Delikatessen. Das Tier muß bis zur Zubereitung noch leben und wird getötet, indem man es kopfüber in heißes Wasser gibt.

Scampi (Kaisergranaten) ②
Dieser kleine »Hummer« hat zwei Scheren und wird durchschnittlich bis zu 25 cm lang. Er hat eine orangerote Farbe. Das Fleisch im Schwanzteil ist sehr zart, und es wird oft für die Zubereitung kalter Gerichte und Salate verwendet. Auch die Scheren enthalten ein wenig Fleisch.

Garnelen ③
Die am bekanntesten und am beliebtesten Meeresfrüchte sind die Garnelen. In Spanien bekommt man sie in mehreren Größen. Die kleinen weißen, die sich erst beim Kochen rosa färben, und die orangeroten größeren, die im Geschmack besser sind. Garnelen können sehr gut gegrillt werden und sind darüber hinaus eine unentbehrliche Zutat bei vielen spanischen Nationalgerichten.

Krabben ④
Krabben sind in Spanien in verschiedenen Größen erhältlich, von kleinen runden bis zu tellergroßen. Die Tiere haben einen runden, breiten Panzer, zwei Zangen und vier Beinpaare. Die Krabben, die wir verwenden, sind grauschwarz und werden durch das Kochen rot. Beim Kauf sollte man darauf achten, daß die Tiere noch leben. In Spanien werden gekochte Krabben einfach zum Aperitif gegessen. Außerdem sind sie eine attraktive Zugabe zur Paella oder zu Fischsuppen.

Flußkrebse ⑤
Das kleine, dunkelbraune Krustentier mit den zwei Zangen ist etwa 10 bis 12 cm lang und in Spanien im Gegensatz zu Deutschland weit verbreitet. Die besten findet man in klaren, sauberen Gewässern, wie in kleinen Flüssen und Bächen. Auf den Märkten werden sie frisch und gekocht angeboten. Man ißt sie häufig einfach gekocht oder in Tomatensauce zum Aperitif.

Percebes
In Spanien sehr beliebt, bei uns jedoch nicht erhältlich, sind Percebes oder Entenmuscheln. Sie sind eigentlich keine Muscheln, sondern gehören zu den niederen Krebsen. Sie haben dickhäutige, schwarze »Stiele«, mit denen sie sich an den Felsen festhalten. Der obere Teil besteht aus einem weißen, muschelähnlichen Kalkgehäuse. Eßbar ist das Fleisch der Stiele. Sie werden gekocht. Das schmackhafte Fleisch läßt sich dann sehr leicht aus der »ledernen« Haut lösen.

Kopffüßler

Kraken ⑪
Zu den Weichtieren gehören die achtarmigen Kraken. Mit ihren Tastarmen bewegen sie sich meist auf dem Meeresboden wie ein wandernder Stern. Kraken gibt es in verschiedenen Größen auf dem Markt. Die größten Tiere werden »pulpos« genannt, die zum Verzehr angebotenen sind etwa 1 m groß, die größten von etwa 12 m Länge sind nicht zum Essen geeignet. Die Spanier lieben auch die kleinen »pulpitos«, die 5 bis 8 cm groß sind.

Sepien ⑫
Den Kalmaren sehr ähnlich sind die Sepien. Doch ist ihr Fleisch etwas zäher. Der weiße, etwas runde Körper enthält eine braune Flüssigkeit, die als Saucengrundlage nicht geeignet ist. Sepien kann man genau wie Tintenfische zubereiten.

Kalmare ⑬
Die »calamares« haben einen schlanken Körper, aus dem 10 Arme herausragen und der mit einer zartgrauen Haut bedeckt ist. Das Innere enthält einen Sack mit Tinte, die zum Kochen verwendet wird. Bei Gefahr stößt das Tier die Tinte aus, um das Wasser zu trüben und sich so vor seinen Feinden zu schützen. Calamares sind die Tintenfische schlechthin. Es gibt sie in unterschiedlichen Größen, von ca. 25 cm bis zu den kleinsten von ca. 4 bis 10 cm, die unter dem Namen »chipirones« bekannt sind.

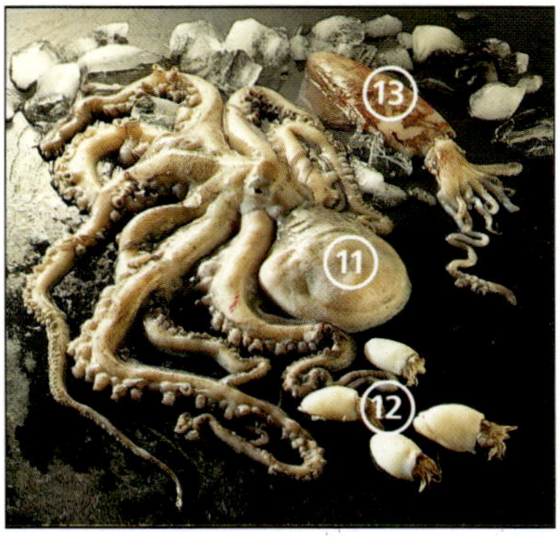

Schalentiere

Austern ⑥
Sie sind eine der teuersten Schlemmereien. Austern werden heute in den Buchten von Arcade und Puentedeume in Galizien gezüchtet. Das Fleisch ist eine Delikatesse, das am besten frisch und roh, nur mit etwas Zitronensaft beträufelt, gegessen werden sollte. Doch sind in Spanien auch verschiedene Zubereitungsarten beliebt.

Jakobsmuscheln ⑦
Die Jakobsmuschel, auch Santiago- oder Pilgermuschel genannt, hat eine außergewöhnlich schöne Schale. Ihr Fleisch, das zart ist und leicht süßlich schmeckt, ist unter den Gourmets hoch geschätzt, und Gerichte mit Jakobsmuscheln sind typisch für Galizien. Die hübschen Schalen sind Symbol für die Pilger, die nach Campostela wallfahren. Hier wurde 820 das Grab des Apostels Jakobus entdeckt. Jakobsmuscheln werden vorzugsweise im Ofen gebacken zubereitet. Die schönen Muschelschalen verwendet man, um auch andere Vorspeisen darin zu servieren.

Miesmuscheln (Pfahlmuscheln) ⑧
Diese bekannten Muscheln mit der blauschwarzen, ovalen, etwa 4 cm langen Schale müssen sehr frisch zubereitet werden. Der Verzehr nicht einwandfreier Tiere kann zu schweren Vergiftungen führen. Achten Sie deshalb darauf, daß die Muscheln gut geschlossen sind. Beim Kochen öffnen sich die Schalen; das Fleisch ist gelb bis orangerot gefärbt. Muscheln, die sich beim Kochen nicht öffnen, müssen ebenfalls aussortiert werden.

Venusmuscheln ⑨
Auch hier gibt es verschiedene Sorten und Größen. Die kleinsten und billigsten sind 2 bis 3 cm groß, die größeren 3 bis 4 cm. Sie haben meist eine braune bis graugrüne Farbe. Für Venusmuscheln gilt ebenfalls: nur frische Tiere verzehren. Die größeren Muscheln können, genau wie Austern, roh gegessen werden.

Schwertmuscheln ⑩
Die Schwertmuscheln, im Spanischen Navaja genannt, sind orangegelb. Die Form erinnert an die Scheide eines Messers oder eines Schwertes. Man bevorzugt in Spanien die kleinen Muscheln, die 10 bis 12 cm lang und 2 cm breit sind, und ißt sie roh oder in Reisgerichten und Suppen.

Pilze, Kräuter und Gewürze

Die Pilze mit ihren vielfältigen Arten sind reizvolle Zutaten bei der Zubereitung vieler Gerichte. Während der Regenzeit hat man in Spanien wahre Pilzschwemmen. In Trockenperioden ist dagegen nicht ein einziger Pilz zu finden.
Das Gegenteil ist bei Kräutern der Fall. Viele davon gedeihen selbst in den trockensten Gebieten. Thymian, Majoran, Salbei und Lavendel, Anis und Lorbeer verbreiten ihr Aroma über das ganze Land.
Frische Kräuter sind eine selbstverständliche Zutat in der mediterranen Küche. Aber auch Gewürze, wie Paprika oder Safran werden häufig verwendet.

Pilze

Champignons

Champignons sind die begehrtesten Pilze, und man findet sie im Herbst auch fast überall. Ihre Oberfläche sollte weiß und die Lamellen hell- bis dunkelrosa sein. Heute werden vielerorts auch Zuchtchampignons in optimaler Qualität angeboten. Champignons sind Grundlage eigenständiger Gerichte, schmecken aber auch in Fleisch- und Gemüsegerichten ausgezeichnet.

Edelreizker

Stark verbreitet ist in Spanien der Edelreizker. Er wächst vor allem im Herbst in Pinienwäldern. Seine Oberfläche hat eine orangerote Farbe, und sein Fleisch ist sehr fest. Mit Vorliebe wird er gegrillt. Er paßt aber auch gut zu Fleisch- und zu Kartoffelgerichten.

Kräuterseitling

Dieser Pilz wächst im Frühling und im Herbst auf Wiesen mit niedrigem Gras zusammen mit Thymian, Lavendel und Disteln. Seine Oberfläche ist hell- bis dunkelbraun und sein Fleisch weiß. Er hat ein sehr feines Aroma. Fleisch- und Eiergerichte bekommen durch ihn einen sehr delikaten Geschmack. Verwandt ist er mit dem Austernseitling, der anstelle des Kräuterseitlings genommen werden kann.

Edelreizker

Kräuterseitling

Morchel

Schirmling

Morcheln

Die braunen, wertvollen Speisepilze haben einen wabenartig gefächerten Kopf. Sie sind auch getrocknet im Handel, müssen dann aber einige Stunden vor der Zubereitung eingeweicht werden. Da die Pilze sehr sandig sind, empfiehlt es sich, sie mehrmals gründlich zu waschen. Morcheln passen besonders gut zu Käse-Sahne-Saucen und zu Fleischgerichten.

Schirmling

Riesenschirmlinge sind exzellente Pilze, die im Herbst an Waldrändern und in hohen Gräsern wachsen. Die Kappe hat eine glatte hellbraune Oberfläche, die mehr oder weniger geschuppt ist. Das weiße, zarte Fleisch schmeckt sehr gut. Die Hüte werden meist paniert und gebraten.

Trüffel

Der Fruchtkörper dieses sehr geschätzten Speisepilzes wächst unter der Erdoberfläche. Man sucht ihn mit extra dafür abgerichteten Schweinen und Hunden. In Spanien unterscheidet man die Wintertrüffel, die von innen wie von außen total schwarz und an der Oberhaut runzelig sind und einen muskatnußähnlichen, aromatischen Geschmack haben, von den ockergelben Magnatentrüffeln. Ihr Geschmack ist sehr viel intensiver. Da Trüffel sehr teuer sind, verwendet man sie hauptsächlich zum Würzen und Garnieren von Speisen.

Kräuter und Gewürze

Basilikum
Dieses kleinwüchsige Kraut ist reich an leuchtendgrünen Blättern. Sie haben ein sehr feines Aroma und sind zum Würzen von Tomaten- und Fischsuppen, Saucen, Koch- und Bratfisch, hellem Fleisch, Eiergerichten, Nudeln und Reis bestens geeignet.

Dill
Die zarte Dillpflanze ist in Spanien weit verbreitet. Je mehr Sonne sie erhält, um so größer wird sie. Frisch gehackter Dill schmeckt besonders gut zu Kräutersaucen, Fischgerichten, Kalb-, Rind- und Lammfleisch, zu Gurken, Omeletts und Aufläufen.

Majoran
Wildwachsend findet man ihn in höheren Gebirgslagen, er wird jedoch meist in Hausgärten kultiviert. Der Majoran paßt zu gedünstetem Fisch, Schweinefleisch und Geflügel sowie zu Pastetenfüllungen.

Paprika
Diese sonnenhungrige Pflanze mit den dunkelgrünen, glänzenden Blättern gedeiht in warmen Gegenden gut. Die Früchte, die Schoten, werden an der Sonne getrocknet und anschließend gemahlen. Der Anteil an Samen bestimmt den Schärfegrad des Paprikapulvers. In der mediterranen Küche verwendet man die verschiedenen Paprikasorten sehr vielseitig, vor allem zu pikanten Fleisch- und Wurstspezialitäten.

Petersilie
Dieses populärste unter den Küchenkräutern wird bis zu 80 cm hoch und bevorzugt feuchte, schattige Plätzchen. Zwei Sorten sind bei uns bekannt, die glattblättrige und die krause Petersilie. Das Kraut paßt zu fast allen Speisen und wird auch in Spanien gerne verwendet.

Rosmarin
Das immergrüne, sehr verzweigte Kraut hat ein starkes, harziges Aroma und wächst in Spanien gerne auf sandigem Boden. Geschmacklich paßt Rosmarin gut zu Hülsenfrüchten, Käsesaucen, gekochtem Fisch und Fleischgerichten, hier vor allem zu Lamm.

Safran
Die Narbenschenkel einer Krokusart, die mit der Hand gezupft und anschließend getrocknet werden, bezeichnet man als Safran. Es kommen sowohl Safranfäden als auch Safranpulver in den Handel. Safran schmeckt leicht bitter und färbt Speisen intensiv gelb. Er kostet verhältnismäßig viel, doch ist das Gewürz äußerst geschmacksintensiv, so daß man nur eine sehr geringe Menge braucht. In Spanien würzt und färbt man damit Reis, Fischgerichte und Suppen.

Salbei
Diese Pflanze mit den silbergrauen, samtigen Blättern ist für die mediterrane Küche charakteristisch. Salbei eignet sich für Kräutersaucen, Fisch- und Fleischgerichte. Aus den getrockneten Blättern kann auch ein Tee zubereitet werden.

Thymian
Dieses sehr aromatische Kraut ist auf der ganzen Halbinsel weit verbreitet. Es wird etwa 30 cm hoch und hat kleine, dunkelgrüne Blätter mit einem angenehmen intensiven Aroma. Thymian ist in Spanien sehr beliebt und findet in vielen Gerichten Verwendung. Suppen, Saucen, Fisch-, Fleisch- und Pilzgerichte werden damit gewürzt.

Wacholderbeeren
Die schwarzblauen Beeren des immergrünen Wacholders haben einen leicht bitteren Geschmack und werden zur Herstellung von Gin und anderen Likören verwendet. In der Küche würzt man damit Wildgerichte und Marinaden.

Gemüse und Obst

Die unterschiedlichen Klimazonen auf der iberischen Halbinsel ermöglichen einen sehr ausgedehnten und vielseitigen Gemüse- und Obstanbau. Frisches Gemüse in bester Qualität ist daher auf den Märkten zu finden, und die Wahl zwischen den verschiedenen Sorten fällt bei dem großen Angebot oft sehr schwer. Und so sind auch Gemüsegerichte in Spanien sehr beliebt, wie z. B. gemischte Gemüseplatten oder ein erfrischendes Gazpacho. Anders jedoch als in Deutschland wird Gemüse in Spanien nicht als Beilage, sondern als eigenständige Vorspeise gereicht.

Was für das Gemüse gilt, trifft auch auf die Früchte zu. Die unter der heißen Sonne gereiften Obstsorten zeichnen sich durch eine besondere Süße aus, und die Zubereitung von Desserts ist daher in Spanien, bedingt durch das reiche Angebot, ein ganz besonderes Vergnügen. Die Zitrusfrüchte aus dem Süden haben oft ein sehr intensives Aroma. Die Erträge der großen Obstplantagen sind hauptsächlich für den Export bestimmt.
Die Olive nimmt in der spanischen Küche eine Sonderstellung ein. Olivenöl ist das Bratfett und Salatöl schlechthin. Die grünen und schwarzen Oliven sind Zutaten in bestimmten Gerichten und werden auch zum Aperitif geknabbert.

Gemüse

Artischocken

Junge, zarte Artischocken haben einen feinen Geschmack und zählen zum Besten, was der Gemüsemarkt bietet. Die Artischocken sind ein Distelgewächs und können bis zu 2 m hoch werden. Die Blüten sind das eigentliche Gemüse und enthalten viele Vitamine und Mineralstoffe. Man ißt nur den Blütenboden.

Auberginen

Auberginen werden auch Eierfrüchte genannt. Sie zählen zu den Nachtschattengewächsen und werden in den frostfreien Zonen Spaniens kultiviert. Auberginen finden in vielen Gerichten Verwendung, schmecken aber auch geschmort oder gebraten sehr gut. Wegen ihres etwas bitteren Geschmacks sollte man sie vor der Zubereitung in leicht gesalzenes Wasser legen. Die Bitterstoffe werden dann herausgezogen.

Bohnen

Charakteristisch für die spanische Küche sind die dicken Bohnen, auch Saubohnen genannt. Die Bohnen haben eine blaugrüne Farbe. Bevorzugt werden die jungen. Man ißt sie frisch oder läßt sie trocknen. Dann sind sie besonders für Eintöpfe geeignet. Bohnen enthalten, wie alle Hülsenfrüchte, viel pflanzliches Eiweiß. Die großen weißen Bohnen sind unter dem Namen »Fabes« bekannt und wachsen besonders in Asturien. Mit ihnen wird das bekannte Gericht »Fabada« zubereitet.

Karden

Dieses Gemüse, das in Spanien äußerst beliebt ist, gehört wie die Artischocke zu den Distelgewächsen. Allerdings ißt man bei den Karden die Stiele, die als Gemüse oder Salat, ähnlich wie Staudensellerie, zubereitet werden.

Kichererbsen
Diese Hülsenfrucht, mit der Erbse verwandt, ist in Spanien sehr beliebt. Die kleine cremefarbene bis hellbraune Kichererbse wird getrocknet und als Eintopf zubereitet. Das beliebte Gericht »Cocido madrileño« (Rezept siehe S. 86) steht stellvertretend für eine ganze Reihe von Zubereitungen mit Kichererbsen.

Knoblauch
Der Knoblauch ist mit den Zwiebeln verwandt und eigentlich mehr ein Gewürz als ein Gemüse, aus dem sich Gerichte zubereiten lassen. Eine Knoblauchzwiebel hat etwa 12 bis 15 Zehen. Oft genügt nur eine davon, um den Gerichten der südlichen Küche das scharfe, intensive Aroma zu geben, ohne das sie undenkbar sind. Knoblauch wird gekocht, aber auch roh verzehrt. Junger Knoblauch wird gern als Gemüse zubereitet. Er ähnelt den Schalotten, nur ist er dünner und schmeckt feiner.

Lattich
Lattich ist der für Spanien typische grüne Blattsalat. Er hat lange, feste, dunkelgrüne Blätter und ist im Geschmack etwas herber als der normale Kopfsalat. Man bereitet ihn nicht nur roh als Salat, sondern auch als Gemüse zu.

Lauch
Die Lauchstangen werden in allen Regionen Spaniens sehr gerne gegessen. Das würzige Gemüse, das mit der Zwiebel verwandt ist, findet man das ganze Jahr über auf dem Markt. Man verwendet grundsätzlich nur den weißen Teil der Stangen; es lassen sich sehr wohlschmeckende Gerichte daraus zubereiten.

Mangold
Sehr verbreitet und beliebt ist in Spanien Mangold. Seine großen Blätter werden wie Spinat zubereitet, während die Blattstiele als Spargelersatz dienen.

Oliven
Die Griechen haben den Olivenbaum nach Spanien gebracht. Heute erstreckt sich sein Anbau über die Hälfte des spanischen Territoriums, und die Olive prägt die spanische Küche wie sonst keine andere Zutat. Ein großer Teil der Früchte und des daraus gewonnenen Öls wird exportiert. Verschiedene Kriterien bestimmen die Qualität der Öle, wie die Sorten, der Jahrgang, der Boden, auf dem der Baum wächst, die Form der Ernte und Lagerung, die Reinigung der Oliven und die Art der Pressung. Man unterscheidet kaltgepreßtes und raffiniertes Öl. Das normalerweise zum Verkauf angebotene ist meist raffiniert. Allerdings sollte man das kaltgepreßte Öl vorziehen, denn aufgrund seiner Naturbelassenheit und seines guten Geschmacks eignet es sich besonders für die Zubereitung von Salaten, Reis-, Fisch- und Fleischgerichten. Es ist leicht verdaulich und sehr gesund. Deshalb wird es gern und reichlich verwendet. Die Olive selbst, die grün, violett oder blauschwarz sein kann, wird in Salzwasser oder Essig konserviert, manchmal auch entsteint und mit Paprikaschoten- oder Mandelstückchen gefüllt. Sie ist für viele spanische Gerichte typisch.

Paprikaschoten
Diese Pflanze wurde im 16. Jahrhundert von den spanischen Eroberern nach Europa gebracht und zunächst als Zierpflanze angebaut. Paprikaschoten sind heute weit verbreitet und ein unentbehrlicher Bestandteil des spanischen Gemüseangebots. Sie werden in Grün, Rot, und Gelb auf dem Markt angeboten. Grüne Früchte sind noch nicht ausgereift, eignen sich aber besser zum Kochen. Besonders kleine, wohlschmeckende Früchte erhält man in Galizien. Die roten Schoten verwendet man am liebsten für Salate.

Spargel
Im Frühling kommt der Spargel auf den Markt. Der weiße wächst und reift unterirdisch. Beliebter sind in Spanien allerdings die grünen Spargelstangen. Man läßt sie oft bis zu 25 cm hoch aus der Erde herauswachsen. Köstlich schmeckt kalter Spargel mit Mayonnaise.

Zucchini
Von den zahlreichen Kürbissorten sind die Zucchini am bekanntesten. Die gurkenförmigen Früchte haben ein weißgelbliches Fleisch, das mit vielen weichen Kernen durchsetzt ist. Die Schale sollte man nur bei jungen Früchten verwenden, denn nur dann ist sie zart und der Geschmack besonders fein.

Obst

Bananen
Bananen sind außerordentlich vielseitig verwendbar. Ihre Schale ist gelb und fest, das Fleisch gelbweiß, etwas faserig und schmeckt herbsüß. Die Bananen in Spanien kommen von den Kanarischen Inseln.

Feigen
Die Frucht des Feigenbaumes kann grün, gelb oder violett sein. Das Fleisch ist hellrot und mit zahlreichen gelblichen »Kernchen« durchsetzt. Man ißt sie frisch oder getrocknet.

Granatäpfel
Die runden, apfelgroßen Früchte haben ein geleeartiges Fleisch, das mit zahlreichen Kernen durchsetzt ist. Sie sind saftig, süß-aromatisch und eine typische Obstsorte eines spanischen Obstmarktes. Die Stadt Granada wurde übrigens nach dem Granatapfel benannt. Man ißt die Früchte roh, und zwar das Fleisch, die Samenkerne werden nur ausgekaut. Auch der Granatapfelsirup, die Grenadine, ist in Spanien beliebt.

Kaktusfeigen
Die Kaktusfeige ist nicht mit der Feige verwandt, sondern sie ist die Frucht eines Kaktusses und gilt im Süden Spaniens als Delikatesse. Frisch vom Kaktus und dann eisgekühlt schmeckt sie besonders gut.

Melonen
Man unterscheidet hier im wesentlichen die Zuckermelone und die Wassermelone. Die Zuckermelone ist in unzähligen Varietäten auf dem Markt. In Spanien sehr beliebt sind die Honigmelonen mit weißem bis rötlichgelbem Fruchtfleisch und einer grünen bis grüngelben Schale. Sie schmecken süß wie Honig. Die Wassermelone hat kräftig-rotes Fruchtfleisch, das, im Gegensatz zu den Zuckermelonen, mit schwarzen Kernen durchsetzt ist. Die Melonen haben eine dunkelgrüne Schale.

Quitten

Sie zählen wie Äpfel und Birnen zum Kernobst. In Spanien stellt man aus Quitten vor allem eine pastenähnliche Süßigkeit her, den »Dulce de membrillo«.

Zitrusfrüchte

Was der Apfel für die gemäßigten Zonen ist, das ist die Orange, auch Apfelsine genannt, für die subtropischen Gegenden. Sie hat den Vorteil, daß man sie, wenn sie reif ist, nicht sofort pflücken muß. Sie kann bis zu 6 Monate am Baum hängenbleiben. Orangenbäume werden in der Regel zweimal pro Jahr abgeerntet. In der Blütezeit verbreiten sie einen betörenden Duft.

Mandarinen zählen ebenfalls zu den Zitrusfrüchten. Sie sind kleiner als die Orangen. Durch Züchtungen gibt es mittlerweile eine Fülle von Varietäten im Handel. Hier sind vor allem Satsumas und Tangarinen zu nennen. Auch Zitronen, Limonen und Grapefruits zählen zu den Zitrusfrüchten.

Mandeln

Mandelbaumplantagen sind besonders in den warmen und milden Regionen Kataloniens, der Levante und der Balearen zu finden. Die Bäume blühen sehr früh im Jahr, und die Plantagen sind dann beliebte Ausflugsziele. Man unterscheidet süße und bittere Mandeln. Süße Mandeln können roh gegessen werden, bittere verarbeitet man u. a. zu Likören. Roh sollte man sie nicht verzehren, sie enthalten Blausäure, die sich jedoch beim Erhitzen verflüchtigt.

Pinienkerne

Der auch als Schirmpinie bezeichnete Baum liefert die Pinienkerne. Die Fruchtstände, die Zapfen, öffnen sich bei großer Hitze, und die Kerne können so sehr einfach herausgenommen werden. Pinienkerne ißt man ebenso wie die Mandeln roh oder verwendet sie für Süßigkeiten, Gebäck, aber auch zu pikanten Gerichten.

Käse

Spanischer Käse wird aus Kuh-, Schafs- oder Ziegenmilch hergestellt, und die einzelnen Regionen bieten über 200 hausgemachte oder industriell hergestellte Käsesorten an. Käse ist ein sehr wertvolles Nahrungsmittel und war bereits im Altertum beliebt. Heute genießt man mit Vorliebe zum Aperitif einen Hartkäse oder einen Weichkäse, wie den Cabrales, zu Wein mit Weißbrot. Aus manchen Frischkäsesorten lassen sich sehr einfache, köstliche Desserts zubereiten, so wie überhaupt mit Käse gerne gekocht wird. Die anschließende kleine Käsekunde stellt Ihnen die wichtigsten Sorten vor.

Tetilla
Dieser aus Kuhmilch hergestellte Käse kommt aus den Bergen Galiziens. Seine Oberfläche ist gelb, und er hat die Form einer Birne. Die weiche Käsemasse schmeckt etwas säuerlich und salzig.

Cabrales
Er ist einer der bekanntesten Käse Spaniens und kommt aus Asturien. Normalerweise wird er aus Kuhmilch hergestellt, doch in einigen Gegenden der Region mischt man Schafs- oder Ziegenmilch darunter. Der Käse reift 6 Monate in den Höhlen der Kalksteinberge Asturiens, wobei sich der graugrüne Schimmel bildet. Der Käse schmeckt sehr scharf und verbreitet einen intensiven Duft.

Pasiego
Dieser Weichkäse wird ebenfalls aus Kuhmilch hergestellt und kommt aus Santander. Er ist nicht lange haltbar, sehr mild im Geschmack, und man verwendet ihn gerne für die Zubereitung von Süßspeisen.

Manchego, in unterschiedlichen Reifegraden

Idiazabal
Dieser Rohmilchkäse aus Schafsmilch ist typisch für das Baskenland. Er trägt den Namen des Herstellungsortes und erfreut sich im ganzen Land großer Beliebtheit. Der Hartkäse hat eine orangegelbe Rinde. Er wird zusätzlich geräuchert und erhält dadurch sein charakteristisches Aroma.

Roncal
Aus dem Tal von Roncal kommt dieser navarresische Schafskäse, und er ist einer der besten und bekanntesten Hartkäse Spaniens. Seine sehr feste Rinde ist grauorange, die Käsemasse fest und gelblich. Er hat ein besonders pikantes Aroma.

Camerano
Der aus Ziegenmilch hergestellte Frischkäse kommt aus den Bergen von Cameros in La Rioja. Er ist rund und weiß, und die weiche Käsemasse schmeckt leicht säuerlich.

Hecho y Ansó
Aufgrund der sehr geringen Produktion ist dieser Käse nicht allzugut bekannt, aber von Käseliebhabern wegen seines sehr guten Geschmacks geschätzt. Er wird aus Schafsmilch gemacht. Der gelblichweiße Hartkäse ähnelt im Aussehen dem Roncal und wird in den Pyrenäentälern von Hecho und Ansó hergestellt.

Serrat
Diesen ebenfalls aus den Pyrenäen stammenden Käse macht man aus roher Schafsmilch. Charakteristisch ist seine zylindrische Form mit dem Sternenmuster in der gelben Rinde. Der Hartkäse schmeckt würzig und ist in sehr reifem Zustand ausgesprochen trocken und bröckelig.

Mahón
Dieser Käse kommt von den Balearen, genauer gesagt von der Insel Menorca, und wird aus Kuhmilch und etwas Schafsmilch hergestellt. Er hat, wenn er gut ausgereift ist, ein sehr würziges und herbes Aroma. Der junge Käse ist dagegen sehr mild im Geschmack. Mahón hat eine quadratische Form mit abgerundeten Ecken, und die Käsemasse bröckelt leicht.

Puzol
Die Ähnlichkeit zwischen dem Käse von Puzol und dem aus Burgos ist groß. Es handelt sich ebenfalls um einen Frischkäse, der aus Schafsmilch, manchmal auch aus einer Mischung aus Schafs- und Kuhmilch, gemacht wird. Den Käse sollte man sofort nach der Herstellung essen. Auch der Puzol eignet sich zur Zubereitung von Süßspeisen.

Roncal, in Olivenöl eingelegt (vorn), Cerrato (Mitte links), ein Schnittkäse aus Burgos (hinten) und junger Manchego (Mitte rechts)

Grazalema
Aus den Bergen von Cadiz stammt dieser Hartkäse aus Schafsmilch. Seine Rinde ist hellorange bis braun, die Käsemasse gelblich und fest. Er schmeckt kräftig und aromatisch.

Tarta del Casar
Dieser ausgezeichnete Käse aus Cáceres wird zum großen Teil auf den Bauernhöfen noch selbst gemacht. Er hat die Form einer Torte, ist gelblichweiß und schmeckt sehr gut. Der Käse wird aus Schafsmilch hergestellt.

Manchego
Der Käse aus der Region La Mancha ist weit über die Landesgrenzen hinaus bekannt und begehrt. Er wird aus der Milch des Manchega-Schafs gemacht, schmeckt sehr kräftig und ist je nach Reifegrad unterschiedlich in Farbe und Konsistenz. Der Käse, der sofort nach der ersten Reife gegessen wird, ist weiß und weich. Der drei Wochen alte Käse ist fester und gelblich. Als »añejo« wird der gereifte Käse bezeichnet, der ungefähr 1 Jahr, oft aber auch bis zu 2 Jahre alt wird. Er hat eine fast schwarze, rauhe Rinde, und die Spanier essen ihn ausschließlich zum Aperitif.

Cerrato
Der sehr kräftige und würzige Käse kommt aus Baltanás bei Palencia in Kastilien. Seine Rinde ist gräulich, die Käsemasse weiß und sehr fest. Er wird aus Schafsmilch gemacht und hat trotz der gestiegenen Produktion seine gute Qualität bewahrt.

Burgos
Der beliebte Frischkäse wird aus Schafsmilch hergestellt. Er ist weiß, sehr weich, leicht gesalzen und schmeckt sehr mild. Üblicherweise ißt man ihn als Dessert mit Honig und Nüssen. Der Burgos ist der typische Käse von Kastilien-Leon.

Wein und andere Getränke

Die ersten schriftlichen Nachweise über den Weinanbau in Spanien stammen aus dem 6. vorchristlichen Jahrhundert, und auch die Römer schätzten die aromatischen Weine aus dem Süden der Halbinsel.
Die arabische Invasion bedeutete einen massiven Rückschlag in der Entwicklung einer eigenständigen spanischen Weinbaukultur; dies betraf vor allem die Rotweine und die Weißweine. Doch entwickelten sich in dieser Epoche neue Techniken für die Herstellung von Süßweinen. Die Wiedereroberung der von den Arabern besetzten Gebiete durch die Christen vom 10.–15. Jahrhundert ermöglichte eine neue Ausweitung der Weinproduktion. In der zweiten Hälfte des 19. Jahrhunderts kamen einige der großen Weinproduzenten Frankreichs, Italiens und Deutschlands nach Spanien. Sie flüchteten vor der Reblaus, die sich überall in diesen Ländern verbreitet hatte und den größten Teil der Weinstöcke zerstörte. Dies hatte zur Folge, daß die spanischen Weinbauern, und hier vor allem die in La Rioja und Katalonien, neue Techniken lernten. Heute sind die Weine aus Spanien in der ganzen Welt anerkannt.
Nachfolgend werden einige der wichtigsten Weine Spaniens vorgestellt. Gute Qualitäten tragen den Vermerk »Denominación de origen«.

Alella
Die Alellaweine werden in der Nähe von Barcelona produziert. 80% dieser Weine sind weiß. Sie passen besonders gut zu den verschiedenen Fisch- und Meeresfrüchtegerichten.

Penedés und Cavas
Diese Weine stammen von der katalonischen Mittelmeerküste der Provinzen Barcelona und Tarragona. Außer den Rosé- und den Weißweinen stellt man hier noch die bekannten Schaumweine, die Cavas, her. Das Verfahren ist das gleiche wie beim Champagner. Heute werden diese prickelnden Weine in die ganze Welt exportiert.

Priorato
Im Zentrum der Provinz Tarragona in Katalonien gedeihen die Trauben für diesen Wein. Neben den Roséweinen werden noch Weißweine und Rotweine produziert. Die Rotweine sind besonders durch ihr kräftiges Aroma bekannt und sehr charakteristisch für die Region. Sie passen gut zu Käse sowie zu geschmortem Fleisch und Wild.

Cariñena
Diese Weine kommen aus dem Süden der Provinz Saragossa. Auch hier gibt es wieder Rosé-, Weiß- und Rotweine. Sie enthalten relativ viel Alkohol, von 12% bis 18%. Die Rotweine passen sehr gut zu geschmortem und gebratenem Fleisch sowie zu würzigem und kräftigem Käse.

La Rioja
Die Riojaweine werden in der gleichnamigen Region produziert und zählen zu den besten Weinen Spaniens. Die feinen roten gewinnt man aus der Rebsorte Tempranillo, die mehr oder weniger mit der Sorte Garnacha gemischt ist. Diese Weine werden nicht nur getrunken, sondern man verwendet sie auch zum Zubereiten typischer Gerichte.

Navarra
Die in dieser Region hergestellten Roséweine sind von einer besonders guten Qualität. Man trinkt sie zu Reis-, Teig- und Eiergerichten. Aber auch die Rotweine mit ihrem starken und herben Aroma sind sehr beliebt. Sie passen sehr gut zu Käse, zu Hammelfleisch und zu Wurstgerichten.

Ribeiro und Rias Baixas
Diese vorzüglichen Weißweine werden in den Provinzen Orense und Pontevedra in Galizien produziert. Sie passen ganz besonders gut zu den typischen Fischgerichten und Meeresfrüchteplatten dieser Region.

Ribera del Duero
Die Riberaweine wachsen im Duerotal, in den Provinzen Burgos und Valladolid. Hier wird einer der besten Weine Spaniens angebaut, wie die Weltklasse Vega Sicilia beweist. Diese Rosé- und Rotweine sind von einem außergewöhnlich feinen Aroma. Sie passen zu den typischen Hammelfleischbraten und anderen regionalen Fleischgerichten.

La Mancha und Valdepeñas
Die Mancha- und Valdepeñasweine wachsen in La Mancha. Normalerweise produziert diese Region eine große Menge gewöhnlicher Tafelweine. Einige genießen jedoch einen besonderen Ruf.

Alicante und Valencia
Die Rot- und die Roséweine aus diesen beiden Provinzen sind würzig und schwer. Sie werden besonders gerne zu den typischen Reisgerichten aus dieser Region, wie der Paella, getrunken.

Jerez
Die Jerez- oder Sherryweine werden in der Provinz Cadiz produziert. Es gibt mehrere Sorten, und sie passen zu verschiedenen Gerichten, so z. B. die Sorte Manzanilla zu Meeresfrüchten, gebratenem Fisch und Oliven, die Finos und Amontillados oder auch die trockenen Olorosos zu Käse, Mandeln und Nüssen. Die süßen Olorosos oder Creams werden hauptsächlich zu jeder Art von Süßigkeiten gereicht. Mit ihrem vollen aromatischen Geschmack kann man diese Weine aber auch ohne kulinarische Beigabe genießen.

Malaga
Diese Weine gedeihen in der gleichnamigen Provinz in Südspanien. Zu den bekanntesten Sorten zählt der Malaga Lagrima. Er ist fein und süß und eignet sich einerseits als Aperitif, andererseits aber auch als Getränk zum Dessert. Eine andere Sorte ist der Moskatel, der zu Gebäck und Kuchen sehr gut paßt.

Sangría

Rotweinbowle

Zubereitungszeit: ca. 20 Minuten
Kühlzeit: mindestens 3 Stunden

Sie benötigen für 8 – 10 Portionen:
2 unbehandelte Zitronen
1 unbehandelte Orange
1 l spanischen Rotwein
½ l Soda oder Mineralwasser
1 EL Zucker
1 Stange Zimt
2 EL spanischen Brandy
Eiswürfel

So wird's gemacht:

1. Die Schalen der Zitronen und der Orange spiralförmig abschneiden. Eine Zitrone auspressen. Die andere Zitrone sowie die Orange in Scheiben schneiden.

2. Den Rotwein, den Zitronensaft sowie die Zitronen- und die Orangenscheiben in einen Glas- oder Keramikkrug geben. Mit dem Soda- oder dem Mineralwasser auffüllen und den Zucker, den Zimt und den Brandy hinzufügen. Alles mit einem Holzlöffel umrühren.

3. Die Sangría in den Kühlschrank stellen und mindestens 3 Stunden, wenn möglich über Nacht, kühlen. Zum Servieren mehrere Eiswürfel hineingeben.

Tip

In Spanien ist es üblich, die Sangría zu Ostern zu trinken. Traditionellerweise reicht man »Torrijas« (Rezept siehe S. 150) dazu.

Queimada

Queimada

Zubereitungszeit: ca. ¼ Stunde

Sie benötigen für 12 Portionen:
1 l klaren spanischen Branntwein (Aguardiente del Orujo)
250 g Zucker, 1 kleinen Apfel
1 unbehandelte Zitrone
½ l Kaffee, 1 Stange Zimt

So wird's gemacht:

1. Den Branntwein in eine tiefe, breite und feuerfeste Keramikschale geben. Den Zucker hinzufügen. Den Apfel waschen, in Scheiben schneiden. Die Zitrone abschälen und die Schale zusammen mit den Apfelscheiben zum Branntwein geben.

2. Etwas Zucker und Branntwein auf einen Eßlöffel nehmen und vorsichtig mit einem Streichholz anzünden. Wenn der Branntwein brennt, ihn vorsichtig an die Oberfläche der Flüssigkeit halten, so daß diese Feuer fängt.

3. Die brennende Flüssigkeit mit einer langstieligen Suppenkelle aus Keramik herausschöpfen, in schwingenden Bewegungen etwa 1 m hoch nach oben führen und von dort wieder in die Schale zurückgießen.

4. Wenn das Feuer anfängt zu verlöschen, den Kaffee und den Zimt hinzufügen und alles gut verrühren. Die Queimada sehr heiß in kleinen Mokkatassen aus Keramik servieren und sehr langsam in kleinen Schlucken trinken.

Batido de vainilla

Vanillemixgetränk

Zubereitungszeit: ca. 10 Minuten

Sie benötigen für 6 Portionen:

- ½ l Milch
- 1 Eigelb
- 350 ml Vanilleeis
- 6 EL Erdbeersirup

So wird's gemacht:

Die Milch in einen Mixer geben. Das Eigelb, das Eis und den Sirup dazugeben. Alles so lange kräftig durchmixen, bis sich auf der Oberfläche Schaum bildet. Das Mixgetränk sofort servieren.

Granizado de limón

Zitronensaft mit gekörntem Eis

Zubereitungszeit (ohne Gefrierzeit): ca. 10 Minuten

Sie benötigen für 4 Portionen:

- 1 kg Zitronen
- ¾ l Wasser
- 100 g Zucker

So wird's gemacht:

1. Die Zitronen auspressen. Die Hälfte des Saftes mit dem Wasser und der Hälfte des Zuckers mischen. Das Zitronenwasser im Gefrierfach fast vollständig gefrieren lassen. Es sollte sich jedoch kein fester Eisblock bilden.

2. Die andere Hälfte des Zitronensaftes mit dem restlichen Zucker im Kühlschrank kalt stellen.

3. Das Zitroneneis nun zerstoßen oder davon mit einem Messer kleinere Stücke abschaben. Die Gläser zur Hälfte mit dem Eis füllen. Darüber das restliche Zitronenwasser gießen und das Getränk sofort servieren.

Variation

In dieses erfrischende Getränk kann man noch Orangen, Erdbeeren, Äpfel oder andere Früchte geben.

Tapas und Vorspeisen

Tapas sind kleine Häppchen, die zu jeder Tageszeit zu einem Glas Wein oder Bier, zu Wermut oder zu Sherry gereicht werden können. Fast immer bieten Besitzer einer guten Bar ihren Gästen eine mehr oder weniger große Auswahl an diesen Kleinigkeiten an, z. B. Tortillas, rohen Schinken, schwarze und grüne Oliven, Kroketten und verschiedene marinierte Meeresfrüchte.
Im Gegensatz zu den Tapas bilden Vorspeisen den Auftakt zu einem Menü. Bei einem festlichen Diner können dies auch zwei oder mehr Gerichte sein, die nacheinander serviert werden.

Calamares a la romana

Tintenfische nach römischer Art

Zubereitungszeit: ca. 40 Minuten
Marinierzeit: ca. ½ Stunde

Sie benötigen für 6 Portionen:

12 mittelgroße Tintenfische
gut ¼ l Olivenöl
Saft von 1 Zitrone
1 Lorbeerblatt
2 Eier
100 g Mehl
¼ l Milch
Salz
Öl zum Fritieren

So wird's gemacht:

1. Die Tintenfische säubern. Sie dazu waschen und die dünne Haut abziehen. Die Arme aus dem Körper ziehen und mit einem scharfen Messer knapp über den Augen abschneiden, so daß die Arme noch zusammenhängen. Die Kauwerkzeuge herausdrücken. Das Fischbein aus dem Körper nehmen. Den Körper und die Arme gründlich waschen und trockentupfen.

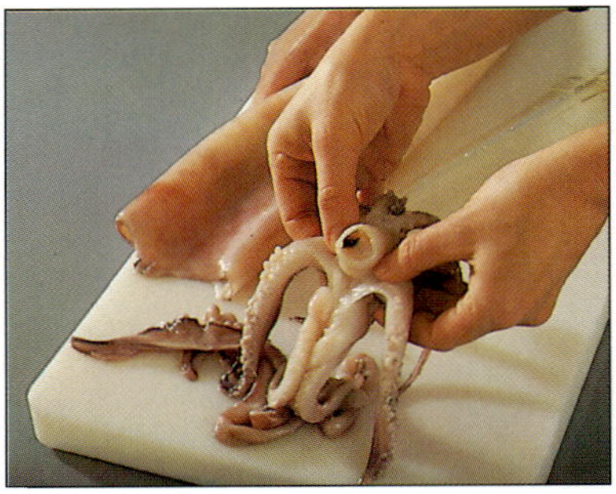

2. Den Körper in 1 cm dicke Ringe schneiden. Die Tastarme in 5 cm lange Stücke schneiden und alles mit etwa 1/4 l Olivenöl und dem Zitronensaft begießen. Das Lorbeerblatt darauf legen und die Tintenfische etwa 1/2 Stunde marinieren. Dabei ab und zu umrühren.

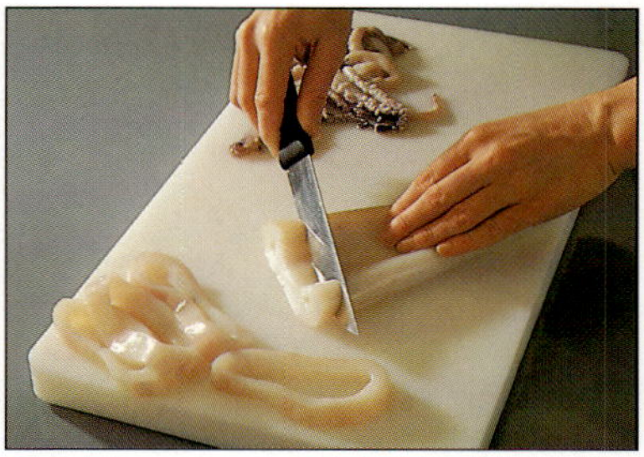

3. Die Eier trennen. Die Eigelbe mit dem Mehl verrühren, die Milch, 2 Eßlöffel Öl und 1 Prise Salz hinzufügen.
4. Die Eiweiße steif schlagen und vorsichtig unter den Teig heben.
5. Die Tintenfischstücke aus der Marinade nehmen, mit Küchenkrepp trockentupfen und leicht salzen.
6. Reichlich Öl in einem großen Topf oder einer Friteuse erhitzen, die Tintenfischstücke im Teig wenden und dann im heißen Öl so lange fritieren, bis sie eine goldbraune Farbe haben. Anschließend auf einem Küchentuch gut abtropfen lassen.

Pulpo a la gallega

Kraken nach galizischer Art

Zubereitungszeit: ca. 1 1/2 Stunden

Sie benötigen für 4 Portionen:
- 500 g Kraken
- 1 Lorbeerblatt, 1 Knoblauchzehe
- 4 EL Olivenöl
- 1/2 TL gehackte Pfefferschote
- 2 EL scharfes Paprikapulver, Salz

So wird's gemacht:
1. Die Kraken wie die Tintenfische reinigen (siehe Rezept »Tintenfische nach römischer Art«, links, Zubereitungsschritt 1).
2. Die Kraken und das Lorbeerblatt in reichlich kochendes Wasser geben und mit einer Küchenzange drei- bis viermal kurz aus dem Wasser heben, dann in mindestens 1/2 Stunde weich kochen.
3. Die Kraken herausnehmen und in Stücke schneiden.
4. Die Knoblauchzehe schälen und zerdrücken. Das Öl erhitzen und den Knoblauch sowie die Pfefferschote darin kurz anbraten.
5. Das Paprikapulver und etwas Salz über die Krakenstücke streuen und sie mit der Knoblauch-Pfefferschoten-Sauce begießen.
6. Das Gericht auf einen Holzteller geben und kleine Holzspießchen dazulegen, damit sich jeder Gast etwas davon nehmen kann.

Tip
In Spanien ist es üblich, die Kraken schon fertig gekocht oder eventuell tiefgefroren zu kaufen. Aber auch frische rohe Kraken sind bereits gereinigt und weichgeklopft – auf den Fischmärkten erhältlich.

Calamares en su tinta

Tintenfische in eigener Tinte

Zubereitungszeit: ca. 3 Stunden

Sie benötigen für 6 Portionen:

1 kg mittelgroße Kalmare
1/4 l Rotwein
1 Zwiebel
200 g Tomaten
300 ml Olivenöl
1 EL Mehl
2 EL geriebenes Weißbrot
1 EL gehackte Petersilie
1 Knoblauchzehe

So wird's gemacht:

1. Die Tintenfische säubern. Sie dazu waschen und die dünne Haut abziehen. Den Kopf mit den Fangarmen abschneiden. Den Körper der Länge nach vorsichtig aufschneiden. Das Fischbein und die Eingeweide herausnehmen.

2. Die Tintenbeutelchen vorsichtig mit einer Schere aufschneiden, die Tinte auffangen und mit der Hälfte des Rotweins mischen.

3. Die Körper und die Tastarme in kleine Stücke schneiden.

4. Die Zwiebel schälen, die Tomaten waschen und beides fein würfeln. In einem Schmortopf etwa 5 Eßlöffel Olivenöl erhitzen und die Zwiebel in etwa 10 Minuten goldbraun rösten. Nun die Tomaten dazugeben und etwa 5 Minuten dünsten. Das Mehl darüberstäuben und etwa 1/2 l Wasser dazugeben.

5. Das restliche Öl erhitzen und das Weißbrot darin anrösten. Die Petersilie und die zerdrückte Knoblauchzehe dazugeben und alles gut durchbraten. Anschließend die Masse in einen Mörser oder einen Mixer geben und zu Mus zerstampfen bzw. pürieren.

6. Nun den restlichen Rotwein dazugeben, alles gründlich mischen und zu der Zwiebel-Tomaten-Sauce geben.

7. Die Tinten-Rotwein-Mischung nun nochmals gründlich durchrühren und ebenfalls zu dem Gericht geben.

8. Die Sauce erhitzen, bevor sie jedoch zu kochen beginnt, den Tintenfisch hineingeben. Alles auf kleiner Flamme 1 bis 1 1/2 Stunden köcheln lassen.

9. Vor dem Servieren das Gericht, falls es notwendig sein sollte, salzen.

Mejillones con vinagreta

Muscheln mit Vinaigrette

Zubereitungszeit: ca. 40 Minuten (ohne Zeit zum Abkühlen)

Sie benötigen für 6 Portionen:

1 kg Miesmuscheln
Salz
1 Zitronenscheibe

Für die Vinaigrette:

1 vollreife Tomate
1 kleine grüne Paprikaschote
1/2 Gurke
1 kleine Zwiebel
1 EL Weinessig
5 EL Olivenöl
Salz

So wird's gemacht:

1. Die Muscheln waschen, dabei mit einem Messer oder einer Bürste die Kalkablagerungen von den Schalen entfernen. Die »Bärte« mit den Fingern abziehen und die Muscheln noch einmal gründlich in frischem Wasser waschen. Bereits geöffnete Muscheln, die sich beim Berühren nicht sofort wieder schließen, wegwerfen.

2. Etwa 1½ l Wasser mit etwas Salz und der Zitronenscheibe in einem Topf erhitzen. Die Muscheln hineingeben, den Topf verschließen und die Muscheln 5 bis 10 Minuten kochen. Die Muscheln herausnehmen und abkühlen lassen. Muscheln, die sich nicht geöffnet haben, müssen weggeworfen werden.

3. Für die Vinaigrette die Tomate, die Paprikaschote und die Gurke waschen, die Zwiebel schälen und das gesamte Gemüse in sehr kleine Würfel schneiden.

4. Den Weinessig, das Olivenöl und etwas Salz verrühren und die Gemüsewürfel daruntermischen.

5. Die oberen Schalenhälften der Muscheln entfernen. Die unteren Hälften mit dem Muschelfleisch auf einer Platte anrichten und jede einzelne Muschel mit etwas Vinaigrette begießen. Die Muscheln kalt stellen und gut gekühlt servieren.

Tip

Um zu sehen, ob die Muscheln noch leben, stößt man sie im Wasser gegeneinander und prüft, ob sie sich schließen bzw. geschlossen bleiben. Offene Muscheln sind tot und somit nicht mehr genießbar.

Gambas al ajillo

Garnelen in Knoblauch

Zubereitungszeit: ca. 20 Minuten

Sie benötigen für 6 Portionen:

1 kg frische Riesengarnelen
1 Pfefferschote
3–4 Knoblauchzehen
12 EL Olivenöl

So wird's gemacht:

1. Von den Garnelen den Kopf abdrehen, die Krusten aufbrechen und entfernen. Den dunklen Darm herauslösen.

2. Die Pfefferschote waschen und in Streifen schneiden. Die Knoblauchzehen schälen und fein hacken.

3. Sechs kleine, feuerfeste Tonschalen bereitstellen und in jeder Schale 2 Eßlöffel Öl zusammen mit etwas Pfefferschote erhitzen.

4. Die Garnelen in dem Öl zusammen mit etwas Salz und etwas Knoblauch bei großer Hitzezufuhr braten. Dabei ab und zu mit einem Holzlöffel umrühren. Die Garnelen sind gar, wenn sie nicht mehr glasig, sondern rosa sind. Dann sofort servieren.

Tip

Sie können auch kleinere Garnelenarten wählen, immer sollten sie jedoch sehr heiß gegessen werden. Deshalb ist die Zubereitung in kleinen, feuerfesten Tonschälchen besonders zu empfehlen. Das Material speichert die Hitze sehr gut.

Croquetas de gambas

Garnelenkroketten

Zubereitungszeit: ca. ½ Stunde
Kühlzeit: ca. 2 Stunden

Sie benötigen für 6 Portionen:

- 150 g gekochte Garnelen
- 25 g rohen spanischen Schinken
- ½ l Milch
- 50 g Butter
- 45 g Mehl
- Salz
- weißen Pfeffer aus der Mühle
- 1 Msp. geriebene Muskatnuß
- 1 Ei
- ca. 1 Tasse Mehl
- ca. 1 Tasse Paniermehl
- Öl zum Fritieren

So wird's gemacht:

1. Die Garnelen schälen und kleinschneiden.

2. Den Schinken fein würfeln und die Milch erhitzen.

3. Die Butter in einer Pfanne erhitzen, das Mehl nach und nach darunterrühren, anschwitzen und die warme Milch dazugießen. Alles gut verrühren und die Masse mit Salz, Pfeffer und Muskatnuß würzen. Die Garnelen und den Schinken darunterheben und alles unter ständigem Rühren etwa 5 Minuten kochen lassen.

4. Die Masse in eine Schüssel geben und für etwa 2 Stunden kühl stellen.

5. Wenn die Masse erkaltet ist, aus ihr Kroketten formen. Das Ei verquirlen und die Kroketten zuerst im Mehl, dann im Ei und dann im Paniermehl wälzen.

6. Reichlich Öl zum Fritieren in einem Topf oder einer Friteuse erhitzen und die Kroketten darin goldgelb fritieren. Herausnehmen und auf einem Küchentuch abtropfen lassen.

Die Garnelenkroketten können warm oder kalt verzehrt werden.

Empanadillas de atún

Thunfischteigtaschen

Zubereitungszeit: ca. 3/4 Stunden
Ruhezeit des Teiges: ca. 2 Stunden

Sie benötigen für ca. 12 Stücke:

Für den Teig:
300 g Mehl
1/2 TL Backpulver
Salz
100 g Butter
1 Ei

Für die Füllung:
250 g Tomaten
3 EL Olivenöl
1 Knoblauchzehe
1 Prise Zucker
1 EL Mehl
1 TL Paprikapulver
250 g Thunfisch, naturell (aus der Dose)
2 Paprikaschoten

Außerdem:
Öl zum Fritieren

So wird's gemacht:

1. Das Mehl, das Backpulver, 1 Prise Salz, die Butter und das Ei mit etwa 1/8 l Wasser zu einem festen Teig verkneten.

2. Den Teig in ein Tuch oder in Alufolie wickeln und für etwa 2 Stunden kühl stellen.

3. Für die Füllung die Tomaten waschen und fein würfeln. Die Knoblauchzehe schälen und zerdrücken. Das Olivenöl erhitzen und den Knoblauch darin leicht bräunen. Die Tomaten sowie je 1 Prise Salz und Zucker hinzufügen und alles etwa 10 Minuten dünsten. Anschließend mit dem Mehl bestäuben und mit dem Paprikapulver würzen.

4. Den Thunfisch abtropfen lassen, zerpflücken, zu den Tomaten geben und alles etwa 5 Minuten kochen.

5. Die Paprikaschoten waschen, trokkentupfen und unzerteilt in einer Pfanne ohne Fettzugabe von allen Seiten braten. Dann die Haut abziehen und die Schoten kleinschneiden. Die Paprikaschotenwürfel zur Füllung geben.

6. Den Teig auf einer leicht bemehlten Arbeitsfläche 3 bis 4 mm dick ausrollen und daraus kleine Kreise (10 cm ∅) ausstechen. Je 1 Eßlöffel Füllung darauf geben, den Kreis zusammenklappen und die Ränder fest zusammendrücken.

7. Reichlich Öl in einer Pfanne oder einer Friteuse erhitzen. Die Teigtaschen darin goldbraun fritieren. Herausnehmen und abtropfen lassen. Die Thunfischteigtaschen können sowohl heiß als auch kalt gegessen werden.

Pimientos asados

Gebackene Paprikaschoten

Zubereitungszeit: ca. 40 Minuten

Sie benötigen für 4 Portionen:
2 große rote Paprikaschoten

Für die Vinaigrette:
½ EL Weinessig
2 EL Olivenöl
Salz

So wird's gemacht:
1. Die Paprikaschoten waschen, trockentupfen und auf der mittleren Schiene im Backofen bei 200 °C etwa 25 Minuten backen.
2. Dann die Schoten herausnehmen, sofort in kaltes Wasser tauchen und die Schalen abziehen. Die Schoten halbieren und entkernen, die Stiele abschneiden.
3. Etwas Salz mit dem Weinessig so lange verrühren, bis es sich aufgelöst hat, dann das Öl dazugeben.
4. Die Schoten in schmale Streifen schneiden, auf einer Platte anrichten und mit der Vinaigrette übergießen.

Tortilla española

Spanisches Omelett

Zubereitungszeit: ca. ½ Stunde

Sie benötigen für 4 Portionen:

4 Kartoffeln
1 Zwiebel
Salz
Olivenöl zum Braten
4 Eier

So wird's gemacht:

1. Die Kartoffeln und die Zwiebel schälen, in sehr kleine Stücke schneiden und salzen.
2. Reichlich Olivenöl in einer tiefen Pfanne erwärmen, die Kartoffeln und die Zwiebel darin braten, bis sie weich sind. Sie dürfen dabei jedoch nicht braun werden. Die Kartoffeln und die Zwiebel aus der Pfanne nehmen und auf einem Küchentuch abtropfen lassen.
3. Die Eier mit etwas Salz verquirlen, dann gut mit der Kartoffel-Zwiebel-Masse mischen.
4. Das Öl bis auf einen kleinen Rest aus der Pfanne gießen, die Tortillamasse hineingeben, glattstreichen und zuerst von einer Seite gut durchbraten. Die Tortilla mit Hilfe eines Tellers wenden und auf der zweiten Seite braten.

Tip

Die Tortilla gilt als eines der populärsten Tapas in Spanien und läßt sich vielseitig variieren. So kann man sie z. B. mit Paprikaschoten oder verschiedenen anderen Gemüsesorten, Thunfisch, Sardinen, Pilzen, Käse oder Schinken zubereiten.

Alcachofas con almejas

Artischocken mit Muscheln

Zubereitungszeit: ca. 70 Minuten

Sie benötigen für 4 Portionen:

½ kg Venusmuscheln, ersatzweise Trogmuscheln
1½ kg Artischocken (etwa 16 Stück mittlerer Größe)
etwas Zitronensaft
2 EL Mehl
½ unbehandelte Zitrone
1 Knoblauchzehe
1 Zwiebel
6 EL Olivenöl
⅛ l trockenen spanischen Weißwein
Salz
Pfeffer aus der Mühle
1 EL feingehackte Petersilie

So wird's gemacht:

1. Die Muscheln in kaltem Wasser mehrmals gründlich waschen und abtropfen lassen. Bereits geöffnete Muscheln wegwerfen.

2. Die Artischocken vorbereiten. Dazu den Stiel herausbrechen, die äußeren Blätter entfernen und alle übrigen mit einem scharfen Messer rundherum vom Boden abschneiden. Die restlichen Spitzen und das Heu entfernen.

3. Die Artischockenböden mit etwas Zitronensaft beträufeln, zusammen mit 1 Eßlöffel Mehl und der halben Zitrone in etwa 1 l Wasser 20 bis 30 Minuten kochen. Sie dann herausnehmen, abtropfen lassen und vierteln.

4. Die Knoblauchzehe und die Zwiebel schälen und fein würfeln. Das Öl in einem Topf erwärmen und den Knoblauch und die Zwiebel darin langsam weich dünsten, jedoch nicht braun werden lassen. Das restliche Mehl darunterrühren.

5. Nun die Muscheln dazugeben und alles so lange erhitzen, bis sich die Muschelschalen öffnen. Den Weißwein dazugießen und alles zugedeckt etwa 5 Minuten köcheln lassen. Falls notwendig, noch etwas Wasser nachgießen.

6. Zum Schluß etwas Salz und Pfeffer sowie die Petersilie dazugeben. Die Muscheln zusammen mit den Artischockenvierteln auf einer Platte anrichten. Muscheln, die sich beim Kochen nicht geöffnet haben, wegwerfen.

Tip

Erkundigen Sie sich beim Fischhändler, ob die Muscheln bereits gehältert sind. Falls nicht, sollten sie vor der Zubereitung etwa 12 Stunden in reichlich kaltem Wasser liegen, damit der Sand, der sich in den Muscheln befinden kann, herausgewaschen wird.

Empanada de lomo a la gallega

Galizische Lendenpastete

Zeit zum Marinieren: ca. 1 Tag
Zubereitungszeit: ca. 1¼ Stunden

Sie benötigen für 8–10 Portionen:

Für die Füllung:

2 Knoblauchzehen
1 kleinen Thymianzweig
1 kleinen Majoranzweig
Salz
½ l trockenen spanischen Weißwein
500 g Schweinelende

Für den Teig:

1 Ei
180 g Schweineschmalz
1 TL Backpulver
600 g Mehl

Außerdem:

Öl zum Braten und zum Fetten des Bleches
1 große Zwiebel
1 TL Paprikapulver
1 hartgekochtes Ei

So wird's gemacht:

1. Die Knoblauchzehen schälen und vierteln. Mit dem Thymian, dem Majoran, etwas Salz und dem Weißwein verrühren. Das Fleisch in kleine Stücke schneiden, in die Marinade legen und etwa 24 Stunden darin ziehen lassen.

2. Für den Teig das Ei, das Schmalz und etwa ¼ l Wasser verrühren. 1 Prise Salz, das Backpulver und das Mehl dazugeben und alles zu einem festen Teig verkneten.

3. Den Teig nun etwa 1 cm dick ausrollen und halbieren. Eine Teigplatte auf ein gefettetes Kuchenblech legen.

4. Die Zwiebel schälen, fein reiben und in etwas heißem Öl anrösten. Das Fleisch aus der Marinade nehmen, mit etwas Salz und dem Paprikapulver würzen, zu den Zwiebeln geben. Das Ei pellen, fein hacken und unter die Füllung mischen.

5. Den Backofen auf 180 °C vorheizen. Nun die Füllung auf der Teigplatte verteilen, die zweite Teigplatte darüberlegen und die Ränder fest zusammendrücken. Mit einer Gabel mehrmals in die Pastete stechen und sie mit dem Bratenöl bestreichen.

6. Die Pastete etwa 40 Minuten backen und heiß oder kalt servieren.

Tip

Aus den Teigresten kann man kleine Figuren formen, mit denen man die Pastete verziert.

Paté de ternera

Kalbfleischterrine

Zubereitungszeit: ca. 1½ Stunden

Sie benötigen für 6 Portionen:

Für die Terrine:
400 g Kalbfleisch
150 g Schweinefleisch
100 g rohen spanischen Schinken
2 Eier
1 frische oder eingelegte Trüffel (ca. 10 g)
schwarzen Pfeffer aus der Mühle
1 Msp. geriebene Muskatnuß
Salz
2 cl spanischen Brandy oder Cognac
150 g Schinkenspeck in dünnen Scheiben

Zum Garnieren:
1 hartgekochtes Ei
50 g kandierte Kirschen

So wird's gemacht:

1. Das Fleisch und den Schinken zweimal durch den Fleischwolf drehen. Die Eier verquirlen und mit dem Fleisch mischen.

2. Die Trüffel kleinschneiden, zu dem Fleischteig geben und ihn mit Pfeffer, Muskatnuß und Salz kräftig abschmecken. Zum Schluß den Cognac hinzufügen.

3. Den Backofen auf 220 °C vorheizen. Eine Kastenform mit den Schinkenspeckscheiben auslegen und die Terrinenmasse hineingeben. Die Form in die mit Wasser gefüllte Fettpfanne stellen und die Terrine etwa 1 Stunde garen.

4. Die Form aus dem Ofen nehmen, mit Alufolie abdecken und die Terrine im Kühlschrank erkalten lassen.

5. Zum Servieren die Terrine in Scheiben schneiden. Das Ei pellen und in Scheiben schneiden. Die Terrine mit dem Ei und den Kirschen garnieren.

Paté de rape

Seeteufelterrine

Zubereitungszeit: ca. 2½ Stunden

Sie benötigen für 12 Portionen:

Für die Terrine:

- 2 Knoblauchzehen
- 1 kleine Zwiebel
- 800 g Garnelen
- 400 g Tomaten
- 1 rote Pfefferschote
- 400 g Lauch
- ⅛ l Olivenöl
- 1 Lorbeerblatt
- 1 TL Pfefferkörner, in Wasser eingeweicht
- Salz
- ⅛ l Pernod
- ½ l Weißwein
- 1,5 kg Seeteufel (vom Fischhändler bereits filetieren lassen, die Gräten aber mitnehmen)
- 100 g weiche Butter
- 100 g süße Sahne
- 5 EL spanischen Brandy oder Cognac
- 7 Eier
- weißen Pfeffer aus der Mühle
- Butter zum Ausfetten

Für die Rettich-Kapern-Sauce:

- 6 kleine Rettiche
- 50 g Kapern
- ¼ l trockenen Sherry
- 200 g Mayonnaise (Seite 64)

So wird's gemacht:

1. Den Knoblauch und die Zwiebel schälen und in kleine Würfel schneiden. Die Köpfe der Garnelen abdrehen und das Fleisch aus den Krusten lösen. Das Fleisch bis zur Verwendung kühl stellen.

2. Die Tomaten waschen und kleinschneiden. Die Pfefferschote fein hacken. Den Lauch putzen, den weißen Teil kleinschneiden. Die grünen Blattenden des Lauchs werden nicht benötigt.

3. Das Öl erhitzen und den Knoblauch darin rösten. Die Zwiebel und die Tomaten dazugeben und alles ein wenig durchkochen. Die Gräten des Seeteufels, die Köpfe und Krusten der Garnelen, das Lorbeerblatt, die Pfefferschote, die Pfefferkörner und etwa 1 Teelöffel Salz dazugeben und alles bei starker Hitzezufuhr zum Kochen bringen. Nach und nach den Pernod und den Weißwein dazugießen und alles bei geringer Hitzezufuhr etwa ¼ Stunde kochen.

4. Diese Mischung dann durch ein Passiersieb streichen und beiseite stellen.

5. Das Seeteufelfleisch würfeln und zusammen mit dem Lauch und den Garnelen in einer Küchenmaschine pürieren. Nach und nach die weiche Butter, die Sahne, die passierte Tomatenmischung, den Brandy oder den Cognac dazugeben. Die Eier verquirlen und dazurühren. Die Farce mit etwas weißem Pfeffer und Salz abschmecken.

6. Den Backofen auf 200 °C vorheizen. Eine feuerfeste Terrinenform ausfetten und die Farce hineingeben. Die Form in die mit Wasser gefüllte Fettpfanne stellen und die Terrine etwa 1 Stunde garen.

7. In der Zwischenzeit für die Sauce die Rettiche schälen, in kleine Stücke schneiden und sie zusammen mit den Kapern und dem Sherry in einem Mixer pürieren. Nach und nach die Mayonnaise vorsichtig darunterziehen.

8. Die Terrine aus der Form nehmen, in Scheiben schneiden und mit der Sauce servieren.

Tip

Die Terrine kann warm oder kalt serviert werden.

Melón con jamón

Honigmelone mit Schinken

Zubereitungszeit: ca. 1/4 Stunde

Sie benötigen für 4 Portionen:

1 mittelgroße Honigmelone
16 dünne Scheiben rohen spanischen Schinken

So wird's gemacht:

1. Die Melone der Länge nach halbieren und jede Hälfte in vier Spalten schneiden. Die Kerne und die Fasern entfernen.
2. Auf jedes »Melonenschiffchen« zwei Schinkenscheiben legen und bis zum Servieren in den Kühlschrank stellen.

Variation

Sie können zur Melone auch eine Vinaigrette reichen.

Judías verdes con jamón

Grüne Bohnen mit Schinken

Zubereitungszeit: ca. 1/2 Stunde

Sie benötigen für 4 Portionen:

3/4 kg grüne Bohnen
Salz
1 Zwiebel
2 Knoblauchzehen
4 EL Olivenöl
100 g rohen spanischen Schinken
1 EL Essig

So wird's gemacht:

1. Die Bohnen waschen, nach Bedarf die Spitzen abschneiden und die Bohnen in Salzwasser bißfest kochen. Sie sofort herausnehmen und gut abtropfen lassen.
2. Die Zwiebel und die Knoblauchzehen schälen und fein schneiden. Das Olivenöl erwärmen und die Zwiebel und den Knoblauch darin glasig dünsten.
3. Den Schinken fein würfeln, zu den Zwiebeln und dem Knoblauch geben und braun rösten.
4. Den Essig dazugießen und bei großer Hitzezufuhr 1 Minute kochen lassen. Die Bohnen mit der Sauce mischen und alles mit Salz abschmecken.

Tip

In Spanien wird dieses Bohnengericht normalerweise im Tontopf zubereitet.

Hígado de cordero al estilo pastor

Lammleber nach Schäferart

Zubereitungszeit: ca. 40 Minuten

Sie benötigen für 4 Portionen:

1 kg Lammleber
1 Zwiebel
5 Knoblauchzehen
⅛ l Olivenöl
schwarzen Pfeffer aus der Mühle
Salz
etwas Paprikapulver
2 EL Essig

So wird's gemacht:

1. Die Leber in dünne Scheiben schneiden. Die Zwiebel und die Knoblauchzehen schälen, die Zwiebel in schmale Streifen, den Knoblauch in Scheiben schneiden.

2. Das Öl erhitzen und die Leber darin anbraten. Dabei ständig mit einem Spachtel umrühren.

3. Die Zwiebel und den Knoblauch zur Leber geben. Alles kräftig mit Pfeffer, Salz und Paprikapulver würzen und den Essig darübergießen.

4. Alles umrühren, kurz erhitzen und sofort servieren.

Variation

Lammleber ist sehr zart und mild im Geschmack, leider jedoch selten erhältlich. Sie kann durch Kalbsleber ersetzt werden.

Berenjenas a la mallorquina

Auberginen auf mallorquinische Art

Zeit zum Wässern: ca. ½ Stunde
Zubereitungszeit: ca. 1½ Stunden

Sie benötigen für 4 Portionen:

4 große Auberginen
Salz
¼ l Olivenöl
250 g Zwiebeln
250 g Tomaten
250 g Hackfleisch vom Kalb
100 g rohen spanischen Schinken
2 EL Mehl
¼ l Milch
2 Eier
etwas Paniermehl

So wird's gemacht:

1. Die Auberginen waschen, längs halbieren und das Fruchtfleisch vorsichtig mit einem Löffel herausschaben. Es würfeln und mindestens ½ Stunde in reichlich Salzwasser ziehen lassen.

2. Die Auberginenschalen vorsichtig in dem Öl braten, dabei darauf achten, daß sie nicht beschädigt werden. Anschließend herausnehmen und beiseite stellen.

3. Das Fruchtfleisch aus dem Wasser nehmen und mit Küchenpapier gut trockentupfen. Die Zwiebeln schälen, die Tomaten waschen und beides zusammen mit dem Schinken fein würfeln.

4. Das Auberginenfleisch, die Zwiebeln, die Tomaten, das Kalbfleisch und den Schinken im restlichen Öl weich dünsten. Die Mischung anschließend herausnehmen und beiseite stellen.

5. In die Pfanne mit dem restlichen Öl das Mehl streuen, es anschwitzen lassen und die Milch dazugießen. Die Milch und die Mehlschwitze gut verrühren und darauf achten, daß sich keine Klümpchen bilden. Die Gemüse-Schinken-Masse darunterziehen und erhitzen.

6. Wenn die Masse für die Füllung dick geworden ist, sie vom Herd nehmen und etwas erkalten lassen.

7. Den Backofen auf 180 °C vorheizen. Die Eier verquirlen und die Hälfte mit der Füllung mischen. Die Masse in die Schalen geben. Die Auberginen in eine ausgefettete feuerfeste Form setzen, mit dem restlichen Ei bestreichen und mit etwas Paniermehl bestreuen.

8. Die Auberginen etwa ½ Stunde gratinieren, bis sie goldbraun sind.

Pisto manchego

Gemüsepfanne La-Mancha-Art

Zubereitungszeit: ca. ¾ Stunden

Sie benötigen für 4 Portionen:

1 große Zwiebel
1 Knoblauchzehe
4 reife Tomaten
2 grüne Paprikaschoten
1 Augergine
1 Zucchino
12 EL Olivenöl
Salz, Pfeffer aus der Mühle
ca. 1/4 l Rinderbrühe

So wird's gemacht:

1. Die Zwiebel und die Knoblauchzehe schälen und fein hacken. Das restliche Gemüse waschen, putzen und kleinschneiden.

2. Das Öl erhitzen, zuerst die Tomaten, die Zwiebel und den Knoblauch anbraten. Nach und nach die Paprikaschoten, die Aubergine und den Zucchino dazugeben.

3. Alles mit Salz und Pfeffer würzen, so viel Brühe darübergießen, daß das Gemüse vollständig bedeckt ist und es mehrmals umrühren.

4. Das Gemüse so lange bei großer Hitzezufuhr kochen, bis die Flüssigkeit ganz verdampft ist, das Gemüse sollte trotzdem nicht trocken werden, sondern saftig bleiben.

Menestra der verdura

Gemüsetopf

Zubereitungszeit: ca. 40 Minuten

Sie benötigen für 4 Portionen:

- 2 Zwiebeln
- 2 Knoblauchzehen
- 150 g rohen spanischen Schinken
- 8 Artischocken
- 200 g Blumenkohl
- 200 g grüne Bohnen
- 2 Stangen Staudensellerie
- 150 g Möhren
- 2 Kartoffeln
- 200 g Spargel
- 5 EL Olivenöl
- 1 EL fein gehackte Petersilie
- 1 EL Mehl
- etwas Zitronensaft
- ¼ l trockenen spanischen Weißwein
- Salz
- weißen Pfeffer aus der Mühle
- 200 g Erbsen
- 2 hartgekochte Eier

So wird's gemacht:

1. Die Zwiebeln und die Knoblauchzehen schälen und fein hacken. Den Schinken kleinschneiden. Die Artischockenböden vorbereiten (siehe Rezept »Artischocken mit Muscheln« Seite 44, Zubereitungsschritt 2). Den Blumenkohl, die Bohnen und den Staudensellerie waschen, die Möhren, die Kartoffeln und den Spargel schälen. Das gesamte Gemüse in große Stücke schneiden.

2. In einem großen Topf das Öl erhitzen und die Zwiebel, den Knoblauch und den Schinken darin goldbraun braten. Die Petersilie dazugeben und alles mit dem Mehl bestäuben.

3. Die Artischockenböden mit Zitronensaft einreiben. Das Gemüse bis auf die Erbsen in den Topf geben, etwa ¾ l Wasser und den Weißwein dazugießen und alles mit Salz und Pfeffer würzen.

4. Das Gemüse bei geringer Hitzezufuhr 20 bis 30 Minuten kochen, es sollte gar, aber noch bißfest sein. Dabei darauf achten, daß sich immer genügend Flüssigkeit im Topf befindet. Falls notwendig, noch etwas Wasser dazugießen. 5 Minuten vor Ende der Garzeit die Erbsen dazugeben.

5. Die Eier pellen, in Scheiben schneiden und das Gemüse damit garnieren.

Tip

Die Gemüsesorten können je nach Jahreszeit und Angebot variieren. Am besten schmeckt's, wenn das Gericht in einem Tontopf gekocht und serviert wird.

Puerros con tomate

Lauch mit Tomaten

Zubereitungszeit: ca. 50 Minuten

Sie benötigen für 4 Portionen:

1 kg Lauch
5 EL Olivenöl
$\frac{1}{4}$ l trockenen spanischen Weißwein
500 g vollreife Tomaten
3 Knoblauchzehen
Saft von $\frac{1}{2}$ Zitrone
250 g Champignons
Salz
weißen Pfeffer aus der Mühle

So wird's gemacht:

1. Den Lauch putzen. Die äußeren, welken Blätter entfernen, die Stangen gründlich waschen und in 5 cm lange Stücke schneiden.

2. Das Öl in einer Schmorpfanne erhitzen. Den Lauch darin von allen Seiten andünsten. Den Weißwein angießen und den Lauch zugedeckt etwa 8 Minuten dünsten.

3. In der Zwischenzeit die Tomaten mit heißem Wasser überbrühen und enthäuten. Sie halbieren, die Kerne herausnehmen und das Fruchtfleisch in kleine Würfel schneiden. Die Knoblauchzehen schälen, zerdrücken und mit den Tomaten und dem Zitronensaft mischen.

4. Die Champignons waschen, in Scheiben schneiden und ebenfalls zu den Tomaten geben. Alles mit Salz und Pfeffer würzen, unter den Lauch geben und nun 25 bis 30 Minuten kochen.

5. Die Lauchstücke herausnehmen, auf eine Platte legen und mit der Tomatensauce begießen.

Pimientos rellenos

Gefüllte Paprikaschoten

Zubereitungszeit: ca. 50 Minuten

Sie benötigen für 4 Portionen:
- 4 große rote Paprikaschoten
- Salz
- schwarzen Pfeffer aus der Mühle
- 200 g Thunfisch, naturell (aus der Dose)
- 4 EL Tomatenmark
- etwas Knoblauchpulver
- etwas Zwiebelpulver
- 2 Eier, Mehl zum Panieren
- Öl zum Braten

So wird's gemacht:

1. Die Paprikaschoten waschen und dann im Backofen bei 200 °C etwa ½ Stunde backen.

2. Anschließend vorsichtig schälen, die Stiele und die Samen herauslösen und das Innere der Schote mit Salz und Pfeffer ausstreuen.

3. Den Thunfisch zerpflücken, mit dem Tomatenmark mischen und diese Farce mit Salz, Knoblauchpulver, Zwiebelpulver und Pfeffer abschmecken. Die Farce in die Schoten füllen.

4. Die Eier mit etwas Salz verquirlen, etwas Mehl auf einen Teller geben.

5. In einer Pfanne etwas Öl erhitzen. Die Paprikaschoten zuerst in Mehl, dann in den Eiern wälzen. Die Schoten in dem nicht zu heißen Öl von allen Seiten braten.

Tip

Die Paprikaschoten lassen sich leichter schälen, wenn man sie nach dem Backen in kaltes Wasser taucht.

Tomates rellenos al estilo de Gran Canaria

Gefüllte Tomaten kanarische Art

Zubereitungszeit: ca. 1 Stunde

Sie benötigen für 4 Portionen:
- 8 gleich große vollreife Tomaten
- 80 g Hühnerbrustfleisch
- 40 g rohen spanischen Schinken
- Salz
- 1 TL feingehackten Thymian
- Butter zum Ausfetten der Form
- 1 EL Paniermehl
- 1 EL feingehackte Petersilie
- schwarzen Pfeffer aus der Mühle
- 2 EL Butter

So wird's gemacht:

1. Die Tomaten waschen, der Länge nach halbieren und aushöhlen.

2. Die Hühnerbrust und den Schinken sehr fein hacken oder durch den Fleischwolf drehen. Anschließend mit etwas Salz und dem Thymian abschmecken und die Mischung in die Tomaten füllen.

3. Den Backofen auf 180 °C vorheizen. Eine Auflaufform mit Butter ausfetten, die Tomaten hineinsetzen und sie mit Paniermehl, Petersilie, Pfeffer und Salz bestreuen. Einige Butterflöckchen darauf setzen und die Tomaten etwa ½ Stunde backen.

Migas de la tierra de barros

Brotkrümchengericht Tierra-de-Barros-Art

Zubereitungszeit: ca. ½ Stunde

Sie benötigen für 4 Portionen:

500 g trockenes Weißbrot
Salz
reichlich Paprikapulver
100 g geräucherten Speck
2 Knoblauchzehen
50 g Paprikaschote
⅛ l Olivenöl

So wird's gemacht:

1. Das Weißbrot in dünne Scheiben schneiden, die Kruste abschneiden und das Brot in eine Schüssel legen.

2. Etwa ¼ l Wasser mit etwas Salz und reichlich Paprikapulver mischen und tröpfchenweise über das Brot gießen. Es sollte leicht befeuchtet, aber nicht naß sein. Das Brot aus der Schüssel nehmen und noch mit Paprikapulver bestreuen.

3. Den Speck fein würfeln, die Knoblauchzehen schälen und zerdrücken. Die Paprikaschote kleinschneiden.

4. Das Öl erhitzen und den Speck zusammen mit der Knoblauchzehe darin rösten. Die Paprikaschote hinzufügen und alles knusprig braun braten.

5. Das Brot dazugeben und so lange unter Rühren braten, bis es ebenfalls braungeröstet ist. Dieses Gericht sollte sehr warm serviert werden.

Tip

Tierra de barros ist eine Gegend in Estremadura, in der »Migas« sehr beliebt sind.

Champiñones asados

Gebratene Champignons

Zubereitungszeit: ca. ½ Stunde

Sie benötigen für 4 Portionen:

500 g große Champignons
5 Knoblauchzehen
¼ l Olivenöl
2 EL fein gehackte Petersilie
Salz

So wird's gemacht:

1. Die Pilze gut reinigen, die Stiele knapp abschneiden.
2. Den Knoblauch schälen, fein hakken und mit dem Öl, der Petersilie und etwas Salz verrühren. Die Pilze mit der Sauce begießen.
3. Eine Grillpfanne erhitzen und die Pilze darin von beiden Seiten braten.

Variation

In Spanien wird der sehr verbreitete Edelreizker auf die gleiche Weise zubereitet.

Revuelto de setas de cardo

Rühreier mit Kräuterseitlingen

Zubereitungszeit: ca. ¾ Stunden

Sie benötigen für 4 Portionen:

500 g Kräuterseitlinge, ersatzweise Austernseitlinge
4 Eier
Salz, 1 Knoblauchzehe
1 EL fein gehackte Petersilie
3 EL Olivenöl
⅛ l spanischen Weißwein

So wird's gemacht:

1. Die Pilze putzen und gründlich waschen. Große Pilze in Streifen schneiden.
2. Die Eier verquirlen und etwas salzen. Den Knoblauch schälen und fein hacken. Das Öl in einer Pfanne erwärmen.
3. Nun die Pilze mit dem Knoblauch, der Petersilie und etwas Salz in dem Öl anbraten. Den Wein hinzufügen und die Pilze in etwa 20 Minuten gar kochen.
4. Wenn der Wein fast verdampft ist, die Eier zu den Pilzen geben und alles mit einem Spachtel ständig umrühren. Die Eier sollten gar, aber noch cremig sein.

Morillas en salsa de nata con queso

Morcheln in Käse-Sahne-Sauce

Zubereitungszeit: ca. 40 Minuten

Sie benötigen für 4 Portionen:

300 g Morcheln
250 g süße Sahne
200 g Hartkäse
Salz
weißen Pfeffer aus der Mühle
4 Weißbrotscheiben

So wird's gemacht:

1. Die Morcheln mehrmals gründlich waschen, damit der Sand entfernt wird, die Stiele abschneiden und größere Pilze halbieren.
2. Die Sahne in einem Topf erwärmen. Die Morcheln hineingeben. Alles etwa 20 Minuten köcheln lassen.
3. Nun den Käse reiben und nach und nach in die Sauce rühren. Sie zum Schluß mit Salz und Pfeffer würzen.
4. Die Weißbrotscheiben rösten, auf 4 Teller verteilen und die Pilze mit der Sauce darüber verteilen.

Salate

Spanische Märkte bieten eine herrliche Palette an Gemüse, Blattsalaten und anderen Salatzutaten an, die aus den unterschiedlichsten Gebieten des Landes kommen. Salate werden üblicherweise als Vorspeise oder Zwischengericht gereicht, sie können jedoch auch Grundlage einer gesunden, kleinen Hauptmahlzeit sein.

Ensalada mixta

Gemischter Salat

Zubereitungszeit: ca. ½ Stunde

Sie benötigen für 4 Portionen:

1 Kopfsalat
200 g Salatgurke
200 g Tomaten
200 g Paprikaschote
1 Zwiebel
250 g Thunfisch, naturell (aus der Dose)
2 hartgekochte Eier
100 g Oliven
250 g Spargel (frische, gekochte Stangen oder Stangen aus der Dose)
⅛ l Olivenöl
4 EL Weinessig
Salz

So wird's gemacht:

1. Den Kopfsalat putzen, die Blätter waschen und zerpflücken. Das Gemüse waschen, putzen und kleinschneiden. Die Zwiebel schälen und in Ringe schneiden.

2. Auf einer Salatplatte die Kopfsalatblätter, die Gurken, die Tomaten, die Paprikaschote und die Zwiebel anrichten. Den Thunfisch zerpflücken und darüber verteilen.

3. Die Eier pellen, vierteln und zusammen mit den Oliven und den Spargelstangen auf dem Salat anrichten.

4. Das Öl, den Essig und etwas Salz zu einer Vinaigrette verrühren und sie über den Salat gießen. Ihn bis zum Verzehr kühl stellen.

Ensalada de la abuela

Salat Großmutterart

Zubereitungszeit: ca. 20 Minuten

Sie benötigen für 4 Portionen:

250 g Gartenkresse
2 Avocados
150 g gesalzene, eingelegte Sardellen
5–6 EL Olivenöl
2 EL Essig
Salz

So wird's gemacht:

1. Die Kresse putzen, waschen und abtropfen lassen. Die Avocados schälen, halbieren, den Kern herauslösen und die Früchte in Scheiben schneiden.

2. Die Kresse zusammen mit den Avocados auf einer Salatplatte anrichten und mit den Sardellen garnieren.

3. Das Olivenöl, den Essig und etwas Salz zu einer Vinaigrette verrühren und sie über den Salat träufeln.

Ensalada de escarola

Friséesalat

Zubereitungszeit: ca. ½ Stunde

Sie benötigen für 4 Portionen:

1 mittelgroßen Friséesalat
250 g gekochte Riesengarnelen
100 g rohen spanischen Schinken, in Scheiben
2 Avocados
4 hartgekochte Eier
⅛ l Olivenöl
3 EL Rotweinessig
Salz

So wird's gemacht:

1. Den Salat putzen, die Blätter waschen und kleinzupfen.

2. Von den Garnelen die Köpfe abdrehen und das Schwanzfleisch aus den Krusten lösen. Den Schinken in schmale Streifen schneiden.

3. Den Salat auf einer Salatplatte anrichten. Die Avocados schälen, halbieren, die Kerne herauslösen und die Hälften in Scheiben schneiden und auf den Salat legen. Die Eier pellen, vierteln und zusammen mit den Garnelen und dem Schinken dazugeben.

4. Das Öl, den Essig und etwas Salz zu einer Vinaigrette verrühren und den Salat damit mischen. Ihn 10 Minuten durchziehen lassen und dann servieren.

Ensaladilla rusa

Russischer Kartoffelsalat

Zubereitungszeit: ca. 1 Stunde

Sie benötigen für 4 Portionen:

500 g Kartoffeln
Salz
2 Möhren
150 g Erbsen
150 g Thunfisch, naturell (aus der Dose)
2 gebratene rote Paprikaschoten (aus der Dose)
50 g grüne Oliven ohne Kerne

Für die Mayonnaise:

2 Eigelb
¼ l Olivenöl
1 EL Essig oder den Saft von 1 Zitrone
Salz

So wird's gemacht:

1. Die Kartoffeln waschen und etwa 25 Minuten in Salzwasser kochen. Die Möhren schälen, in sehr kleine Würfel schneiden und zusammen mit den Erbsen in wenig Salzwasser etwa 5 Minuten kochen.

2. Den Thunfisch zerpflücken, die Paprikaschoten fein hacken. Die Oliven fein schneiden. Die Kartoffeln schälen und in kleine Würfel schneiden.

3. Für die Mayonnaise die Eigelbe kräftig verrühren. Das Öl tropfenweise dazugießen und dabei so lange rühren, bis eine homogene Masse entsteht. Den Essig oder den Zitronensaft dazugeben und die Mayonnaise mit Salz abschmecken. Sollte sie zu fest geworden sein, kann man etwas Eiweiß darunterrühren.

4. Die Salatzutaten mischen, die Mayonnaise darunterziehen und den Salat vor dem Servieren etwas durchziehen lassen.

Tip

Die Eigelbe und das Öl für die Mayonnaise sollten möglichst die gleiche Temperatur haben. Wichtig ist auch, daß das Öl ganz langsam zu den Eigelben gegeben wird, sonst gerinnt die Mayonnaise. Sollten gebratene Paprikaschoten nicht erhältlich sein, backen Sie frische Schoten, wie es auf Seite 42 beschrieben ist.

Ensalada de lentejas

Linsensalat

Quellzeit: ca. 6 Stunden
Zubereitungszeit: ca. 1 Stunde

Sie benötigen für 4 Portionen:

300 g Linsen
1 große Zwiebel
1 Knoblauchzehe
3 Möhren
1 Paprikaschote
100 g Staudensellerie
6 kleine Schalotten
2 Tomaten
250 g Feldsalat
10 EL Olivenöl
4 EL Essig
Salz

So wird's gemacht:

1. Die Linsen in reichlich Wasser etwa 6 Stunden quellen lassen.
2. Die Zwiebel und die Knoblauchzehe schälen und halbieren. Die Möhren schälen. Die Paprikaschote waschen, halbieren und das Samengehäuse entfernen.
3. Die Linsen zusammen mit den Möhren, der Paprikaschote, der Zwiebel und dem Knoblauch etwa ½ Stunde kochen, bis alles gar, aber noch bißfest ist. Den Kochsud abgießen, aber aufbewahren.
4. Den Staudensellerie, die geschälten Schalotten und die Tomaten in kleine Stücke schneiden. Den Feldsalat putzen, waschen und abtropfen lassen. Die Möhren, die Zwiebel, den Knoblauch und die Paprikaschote kleinschneiden.
5. Den Feldsalat auf eine Salatplatte legen. Die Linsen mit dem Gemüse und etwas Kochsud dazugeben. Das Öl, den Essig und etwas Salz zu einer Vinaigrette verrühren und mit dem Linsensalat mischen. Den Salat auf dem Feldsalat anrichten und lauwarm servieren.

Ensalada de arroz

Reissalat

Zubereitungszeit: ca. 40 Minuten

Sie benötigen für 4 Portionen:

150 g grüne Bohnen
150 g Staudensellerie
Salz
250 g gekochte Garnelen
250 g Langkornreis
1 kleine Zwiebel
200 g gekochte Spargelspitzen (frischer, selbst gekochter Spargel oder Spargel aus der Dose)
60 g Anchovis
2 TL Sonnenblumenkerne
1 Tomate
10 grüne Oliven ohne Kerne
1/8 l Olivenöl
3 EL Weinessig
2 EL feingehackte Petersilie

So wird's gemacht:

1. Die grünen Bohnen und den Sellerie putzen, kleinschneiden und in wenig Salzwasser bißfest garen.

2. Von den Garnelen die Köpfe abdrehen und das Schwanzfleisch aus den Krusten lösen.

3. Den Reis unter fließendem Wasser waschen, in reichlich Salzwasser etwa 20 Minuten kochen. Er sollte dann noch leicht körnig sein. Den Reis nochmals unter fließendem kalten Wasser abspülen und abtropfen lassen.

4. Die Zwiebel schälen und fein hakken. Den Reis mit den Bohnen, dem Sellerie, dem Spargel, den Anchovis, der Zwiebel, den Sonnenblumenkernen und den Garnelen mischen.

5. Die Tomaten waschen, achteln und zusammen mit den Oliven zum Salat geben.

6. Das Öl, den Essig und etwas Salz verrühren. Die Vinaigrette unter den Salat ziehen und ihn mit der Petersilie bestreuen.

Salpicón de mariscos

Meeresfrüchtesalat

Zubereitungszeit: ca. 1 1/2 Stunden

Sie benötigen für 4 Portionen:

500 g Kabeljaufilet oder anderen Dorschfisch
1 kleines Stück Zwiebel
1 Knoblauchzehe
1 Lorbeerblatt
250 g Miesmuscheln
250 g Tintenfische
250 g Kraken
250 g gekochte Garnelen
1 Zwiebel
100 g gefüllte Oliven
1/8 l Olivenöl
5–6 EL Essig
Salz

So wird's gemacht:

1. Das Kabeljaufilet zusammen mit dem Zwiebelstück, der geschälten Knoblauchzehe und dem Lorbeerblatt etwa 10 Minuten in wenig Salzwasser kochen. Herausnehmen und erkalten lassen. Den Fisch in kleine Stücke teilen.

2. Die Muscheln säubern und so lange kochen, bis sie sich geöffnet haben (siehe Rezept »Muscheln mit Vinaigrette« Seite 38, Zubereitungsschritt 1 und 2). Die Muscheln abkühlen lassen und aus den Schalen lösen.

3. Die Tintenfische und die Kraken vorbereiten (siehe Rezept »Tintenfische nach römischer Art« Seite 36, Zubereitungsschritt 1). Die Tintenfische in kleine Stücke schneiden und in etwa 1/2 Stunde in reichlich Salzwasser weich kochen.

4. Von den Garnelen die Köpfe abdrehen und das Schwanzfleisch aus den Krusten lösen.

5. Die Zwiebel schälen und zusammen mit den Oliven fein hacken.

6. Auf einer Platte den Kabeljau und die Meeresfrüchte anrichten und sie mit den Zwiebel- und den Olivenwürfeln bestreuen.

7. Das Öl, den Essig und etwas Salz verrühren und vorsichtig mit den Salatzutaten mischen. Den Salat gut gekühlt servieren.

Ensalada de melón

Melonensalat

Zubereitungszeit: ca. ½ Stunde

Sie benötigen für 4 Portionen:
1 kleine Honigmelone
2 Avocados
4 Kiwis
250 g frische Feigen
100 g rohen spanischen Schinken, in Scheiben
⅛ l Olivenöl
3 EL Weinessig
Salz

So wird's gemacht:

1. Die Melone, die Avocados und die Kiwis schälen, halbieren und das Fruchtfleisch in kleine Stücke schneiden.

2. Die Melonenstückchen auf einer Salatplatte anrichten und die Avocados sowie die Kiwis darauf verteilen.

3. Die Feigen schälen und vierteln. Den Schinken in dünne Streifen schneiden und zusammen mit den Feigen zum Salat geben.

4. Das Öl, den Essig und etwas Salz zu einer Vinaigrette verrühren, den Salat damit begießen und ihn etwas durchziehen lassen. Den Salat gut gekühlt servieren.

Ensalada de naranjas

Orangensalat

Zubereitungszeit: ca. ½ Stunde

Sie benötigen für 4 Portionen:

- 500 g Knollensellerie
- Salz
- 3 große Orangen
- 1 kleine Zwiebel
- 50 g schwarze Oliven
- 5 EL Olivenöl
- 2 EL Zitronensaft
- 2 EL Orangensaft
- weißen Pfeffer aus der Mühle

So wird's gemacht:

1. Den Sellerie schälen und halbieren. Etwa ½ l leicht gesalzenes Wasser zum Kochen bringen und den Sellerie hineingeben. Wenn das Wasser wieder kocht, den Sellerie 2 Minuten darin ziehen lassen, herausnehmen und abtropfen lassen.

2. Die Orangen schälen und in Schnitze zerteilen. Die Zwiebel schälen und in feine Streifen schneiden. Den Sellerie in dicke Scheiben schneiden.

3. Alle Zutaten auf einer Salatplatte anrichten und dann mit den Oliven garnieren.

4. Das Öl, den Zitronensaft, den Orangensaft sowie etwas Salz und Pfeffer zu einer Vinaigrette verrühren und sie vorsichtig über die Salatzutaten träufeln.

Ensalada de manzana

Apfelsalat

Zubereitungszeit: ca. 40 Minuten

Sie benötigen für 4 Portionen:

- Salz
- 3 Zuckermaiskolben oder
- 200 g Zuckermais (aus der Dose)
- 200 g Thunfisch, naturell (aus der Dose)
- 2 Äpfel (vorzugsweise Cox Orangen Renette)
- 3 EL Olivenöl
- 1 EL Weinessig
- weißen Pfeffer aus der Mühle
- ½ EL feingehackte Petersilie

So wird's gemacht:

1. Etwa 1 l leicht gesalzenes Wasser zum Kochen bringen. Die Maiskolben hineinlegen und etwa 5 Minuten darin ziehen lassen. Sie herausnehmen und die Maiskörner mit dem Messerrücken von den Kolben streifen. (Zuckermais aus der Dose muß nicht gekocht werden.)

2. Den Thunfisch abtropfen lassen und in kleine Stücke zerpflücken. Die Äpfel schälen, halbieren, das Kerngehäuse entfernen und das Fruchtfleisch in Scheiben schneiden.

3. Den Thunfisch, den Mais und die Äpfel in eine Salatschüssel geben.

4. Das Öl und den Essig sowie etwas Salz und Pfeffer zu einer Vinaigrette verrühren und die Petersilie dazugeben. Die Vinaigrette mit den Salatzutaten mischen.

Suppen und Eintopfgerichte

Suppen und Eintopfgerichte erfreuen sich im ganzen Land großer Beliebtheit. Der Grund liegt sicherlich darin, daß man mit einfachen Zutaten und viel Phantasie Gerichte auf den Tisch bringen kann, die der ganzen Familie gut schmecken und die den Hunger stillen. Ob es nun Gemüse, Hülsenfrüchte, Kartoffeln, Fleisch, Wurst und Schinken, Reis, Fisch oder Innereien sind, die in den Topf wandern, entscheidet das Angebot der einzelnen Regionen. Und längst sind Suppen und Eintöpfe Nationalgerichte, die weit über die Grenzen hinaus bekannt sind, wie Knoblauchsuppe, Gazpacho oder Paella.

Sopa de ajo

Knoblauchsuppe

Zubereitungszeit: ca. 40 Minuten

Sie benötigen für 6–8 Portionen:

6 Knoblauchzehen
100 g spanische Paprikawurst
(z. B. Chorizo)
100 g rohen spanischen Schinken
200 g altbackenes Weißbrot
4 EL Olivenöl
1 TL Paprikapulver
Salz
6 Eier

So wird's gemacht:

1. Die Knoblauchzehen schälen und fein hacken. Die Paprikawurst und den Schinken kleinschneiden. Das Weißbrot in sehr dünne Scheiben schneiden.

2. Das Öl erhitzen, den Knoblauch darin braun rösten. Nach und nach die Paprikawurst, den Schinken und das Weißbrot dazugeben und alles leicht braun rösten. Mit dem Paprikapulver bestreuen und etwa 1½ l kochendes Wasser dazugießen. Die Suppe salzen und etwa 5 Minuten kochen.

3. Kurz vor Ende der Garzeit die Eier verquirlen, unter Rühren in die Suppe geben und alles so lange kochen, bis das Ei fest geworden ist.

Tip

In Spanien wird diese Suppe in einem Tontopf zubereitet. Sie können jedoch auch einen anderen Topf nehmen und dann die Suppe auf sechs kleine Tonschälchen verteilen.

Caldo gallego

Galizische Suppe

Quellzeit: ca. 12 Stunden
Zubereitungszeit: ca. 2 Stunden

Sie benötigen für 6 Portionen:

100 g weiße Bohnen
250 g Rippenknochen vom Schwein
1 Kalbsknochen
250 g Rindfleisch zum Kochen
2 mittelgroße Kartoffeln
300 g Weißkraut
50 g Schweineschmalz
Salz

So wird's gemacht:

1. Die Bohnen etwa 12 Stunden in reichlich Wasser quellen lassen.

2. Die Bohnen herausnehmen, kalt abspülen und gut mit kaltem Wasser bedeckt etwa ½ Stunde kochen.

3. Etwa 2 l Wasser in einen großen Topf geben, die Rippenknochen, den Kalbsknochen und das Rindfleisch hineingeben und etwa 1 Stunde kochen.

4. In der Zwischenzeit die Kartoffeln schälen und kleinschneiden. Das Weißkraut putzen und in Streifen schneiden. Nun die Bohnen, die Kartoffeln, das Weißkraut und das Schweineschmalz zu dem Fleisch geben und alles eine weitere ½ Stunde kochen. Die Suppe mit Salz abschmecken.

Sopa de berros

Kressesuppe

Zubereitungszeit: ca. 1¼ Stunden

Sie benötigen für 4 Portionen:

1 kg Kartoffeln
2 Kästchen Kresse
Salz
125 g süße Sahne
Pfeffer aus der Mühle

So wird's gemacht:

1. Die Kartoffeln schälen und in kleine Stücke schneiden. Die Kresse waschen und kleinschneiden.

2. Die Kartoffeln und die Kresse in etwa 1 l Wasser geben, alles etwas salzen und etwa ½ Stunde kochen.

3. Die Suppe in einem Mixer pürieren. Die Sahne darunterrühren und die Suppe nochmals aufkochen. Die Suppe mit Pfeffer abschmecken.

Crema de calabacín

Zucchinicremesuppe

Zubereitungszeit: ca. 40 Minuten

Sie benötigen für 4–6 Portionen:

1 kg Zucchini
Salz
weißen Pfeffer aus der Mühle
1 Ecke milden Schmelzkäse (62,5 g)
200 g süße Sahne

So wird's gemacht:

1. Die Zucchini schälen und in sehr kleine Stücke schneiden.

2. Etwa 1 l Wasser zusammen mit den Zucchinistücken etwa 20 Minuten kochen.

3. Das Gemüse herausnehmen, in einem Mixer pürieren und wieder in die Flüssigkeit geben. Die Suppe aufkochen lassen und mit Salz und Pfeffer würzen. Den Käse kleinschneiden, zur Suppe geben und schmelzen lassen.

4. Zum Schluß die Sahne in die Suppe geben und sie mit etwas Salz abschmecken.

Sopa de pescado

Fischsuppe

Zubereitungszeit: ca. 2½ Stunden

Sie benötigen für 6–8 Portionen:

2 Zwiebeln
4 EL Olivenöl
150 g Mehl
250 g Meeraal
Kopf eines Seeteufels oder 300 g Gräten und Abschnitte einer anderen Fischsorte
1 Lorbeerblatt
2 EL feingehackte Petersilie
200 g Tomaten
Salz
weißen Pfeffer aus der Mühle
2 Knoblauchzehen
1 Msp. Safran
10 g gemahlene Mandeln und Haselnüsse
40 g geriebenen spanischen Käse

So wird's gemacht:

1. Die Zwiebeln schälen und fein hacken. Das Öl in einem Topf erhitzen und die Zwiebeln darin etwas bräunen. Das Mehl darüberstäuben. Nun den Aal, den Kopf des Seeteufels oder die Gräten und die Abschnitte, das Lorbeerblatt und die Petersilie hinzufügen. Die Tomaten waschen, halbieren und ebenfalls dazugeben.

2. Etwa 2 l Wasser angießen, die Suppe salzen und pfeffern und etwa 2 Stunden kochen lassen.

3. In der Zwischenzeit den Knoblauch schälen, zusammen mit dem Safran und den Mandeln und den Haselnüssen in einem Mörser zu einer homogenen Masse zerstoßen.

4. Nach 1 Stunde Kochzeit diese Masse in den Fischsud geben, ihn nochmals 1 Stunde kochen lassen.

5. Den Meeraal, den Kopf des Seeteufels oder die Gräten und Abschnitte aus dem Sud nehmen und die Suppe durch ein Sieb passieren.

6. Die Suppe nochmals aufkochen lassen und mit Salz abschmecken. Sie in Suppenschalen oder Suppentellern servieren und mit dem geriebenen Käse bestreuen.

Tip

Wer mag, kann nach dem Passieren der Suppe noch ein wenig Fischfilet in der heißen Flüssigkeit gar ziehen lassen. Dazu eignet sich Meeraal, Seeteufel oder eine andere weißfleischige Fischsorte.

Sopa de mariscos

Meeresfrüchtesuppe

Zubereitungszeit: ca. 70 Minuten

Sie benötigen für 6–8 Portionen:

Salz
1 Kartoffel
300 g Riesengarnelen
300 g Venusmuscheln
400 g Seeteufel, enthäutet
1 Zwiebel
250 g Tomaten (frisch oder aus der Dose)
3 EL Olivenöl
Pfeffer aus der Mühle
¼ l Mayonnaise (Seite 64)

So wird's gemacht:

1. Etwa 2 l Wasser mit etwas Salz zum Kochen bringen. Die Kartoffel schälen, in kleine Würfel schneiden und in das Wasser geben. Die Garnelen hinzufügen, 2 Minuten kochen, dann mit einem Schaumlöffel wieder herausnehmen und beiseite stellen.

2. Die Muscheln in kaltem Wasser gründlich waschen. Bereits geöffnete Muscheln wegwerfen. Die Muscheln und den Seeteufel zu der Kartoffel geben und etwa 10 Minuten ziehen lassen.

3. In der Zwischenzeit die Zwiebel schälen, zusammen mit den Tomaten kleinschneiden und im heißen Öl anschwitzen. Alles mit etwas Salz und Pfeffer würzen.

4. Den Seeteufel, die Muscheln und die Kartoffel aus dem Sud nehmen. Das Muschelfleisch aus den Schalen nehmen, nichtgeöffnete Muscheln wegwerfen. Den Seeteufel in kleine Stücke schneiden, die Krusten der Garnelen entfernen.

5. Den Fisch, die Muscheln, die Garnelen und die Tomatenmischung wieder in die Suppe geben, alles gut verrühren und noch einmal 5 Minuten kochen lassen.

6. Die Kartoffel zerdrücken und sie mit der Mayonnaise mischen. Alles so lange verrühren, bis die Masse cremig geworden ist. Sie zur Suppe geben, noch einmal gut durchrühren und alles heiß werden lassen.

Sopa de ostras

Austernsuppe

Zubereitungszeit: ca. 40 Minuten

Sie benötigen für 4–6 Portionen:

20 Austern
1 l Fischfond (aus dem Glas)
Salz
5 EL Olivenöl
60 g geröstete Weißbrotwürfel

So wird's gemacht:

1. Die Austern vorsichtig öffnen. Sie dazu mit der gewölbten Seite nach unten in die Hand nehmen, mit einem Austernmesser am Scharnier einstechen, das Scharnier durchtrennen und die obere Austernschale abheben. Die Flüssigkeit, die in der Schale ist, auffangen.

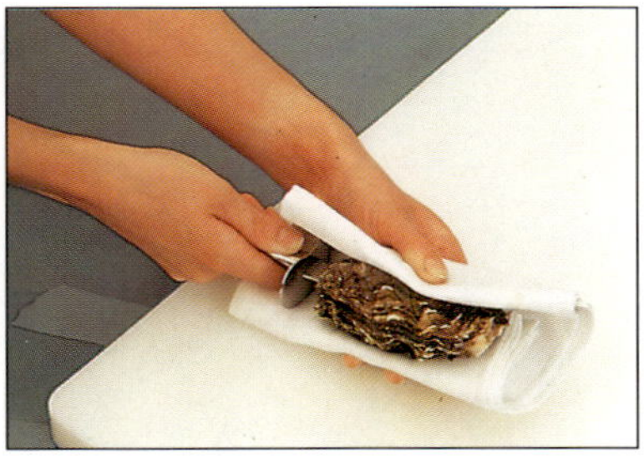

2. Das Austernfleisch aus den Schalen nehmen und in einem Mixer pürieren.
3. Dann die Austern mit dem Fischfond und der Austernflüssigkeit mischen und etwa ½ Stunde bei geringer Hitzezufuhr kochen.
4. Die Suppe mit Salz abschmecken, durch ein Sieb streichen und mit den gerösteten Weißbrotwürfeln anrichten.

Gazpacho andaluz

Kalte Gemüsesuppe aus Andalusien

Zubereitungszeit: ca. ½ Stunde
Kühlzeit: mindestens 2 Stunden

Sie benötigen für 6 Portionen:

200 g altbackenes Weißbrot
200 g Gurke
200 g grüne Paprikaschote
350 g vollreife Tomaten
1 Zwiebel
1 Knoblauchzehe
½ TL Kümmelpulver
3 EL Olivenöl
2 EL feingehackte Petersilie
1 EL Essig
Salz

So wird's gemacht:

1. Die Hälfte des Weißbrotes in kaltem Wasser einweichen. Den Rest in feine Würfel schneiden und in einer trockenen Pfanne rösten.
2. Die Gurke, die Paprikaschote, die Tomaten und die Zwiebel waschen und putzen. Die Hälfte des Gemüses fein würfeln und für die Suppeneinlage beiseite stellen.
3. Die Knoblauchzehe schälen, zusammen mit dem Kümmel in einem Mixer zerstoßen. Das Weißbrot ausdrücken und es zusammen mit dem Öl zum Knoblauch geben, alles gut mischen.
4. Das restliche Gemüse und die Petersilie in einem Mixer pürieren und mit dem Essig und etwas Salz abschmecken. Das Gemüsepüree mit der Knoblauchsauce mischen und so viel Wasser dazugeben, daß die Suppe leicht cremig ist. Sie für mindestens 2 Stunden kühl stellen.
5. Das kleingeschnittene Gemüse, die Brotwürfel und die Suppe extra, eventuell mit einigen Eiswürfeln, anrichten. Bei Tisch gibt sich jeder die Einlage selbst in seine Suppe.

Sopa de ajo blanco con uvas

Suppe aus weißem Knoblauch mit Weintrauben

Zubereitungszeit: ca. 40 Minuten

Sie benötigen für 4 Portionen:

200 g altbackenes Weißbrot
6 Knoblauchzehen
100 g gemahlene Mandeln
Salz
4 EL Olivenöl
1 EL Essig
250 g Weintrauben
100 g geröstete Weißbrotwürfel

So wird's gemacht:

1. Das Weißbrot in kaltem Wasser einweichen. Herausnehmen und ausdrücken.
2. Die Knoblauchzehen schälen, mit den Mandeln, dem Weißbrot und dem Salz in einem Mörser oder im Mixer zu einer homogenen Masse verarbeiten.
3. Das Öl tropfenweise unter Rühren dazugeben und zum Schluß die Masse mit dem Essig säuern.
4. Diese Mischung in eine Suppenschüssel füllen, etwa ½ l kaltes Wasser dazugeben und alles gut verrühren. Die Suppe sollte cremig sein.
5. Die Weintrauben waschen, nach Belieben schälen, in die Suppe geben und sie mit den gerösteten Weißbrotwürfeln servieren.

Caldereta de Gijón

Fischeintopf à la Gijón

Zubereitungszeit: ca. 40 Minuten

Sie benötigen für 6 Portionen:

500 g Fischfilet (Goldbrasse und Rotbarben)
500 g Meeresfrüchte (Venusmuscheln, Scampi, Garnelen)
5 EL Olivenöl
1 feingehackte Zwiebel
Paprikapulver
Salz
¼ l trockenen spanischen Weißwein
1 Msp. geriebene Muskatnuß
1 EL feingehackte Petersilie
schwarzen Pfeffer aus der Mühle
1 Pfefferschote
1 kleine rote Paprikaschote

So wird's gemacht:

1. Das Fischfilet in kleine Stücke teilen. Die Muscheln in kaltem Wasser waschen, bereits geöffnete wegwerfen.
2. Den Fisch und die Meeresfrüchte in einen tiefen Topf geben. Alles mit dem Öl beträufeln, die Zwiebel, etwas Paprikapulver und etwas Salz dazugeben, so viel Wasser angießen, daß alles gerade bedeckt ist, und es zum Kochen bringen. Den Weißwein, die Muskatnuß, die Petersilie und etwas Pfeffer hinzufügen.
3. Die Pfefferschote waschen und in kleine Stücke schneiden. Die Paprikaschote putzen und pürieren. Die Pfefferschote und die Paprikaschote zum Eintopf geben und ihn 15 bis 20 Minuten kochen lassen.

Arroz a banda

Reispfanne mit Fisch

Zubereitungszeit: ca. 1¾ Stunden

Sie benötigen für 4–6 Portionen:

Für das Reisgericht:

1 kg Fischfilet (Seeteufel, Heilbutt und Kabeljau)
250 g Tintenfische
250 g Venusmuscheln
1 Zwiebel
1 Lorbeerblatt
1 EL feingehackte Petersilie
weißen Pfeffer aus der Mühle
2 Knoblauchzehen
1 Pfefferschote
10 EL Olivenöl
1 Msp. Safran
2 Tomaten
400 g valencianischen Reis
Salz

Für die Alioli:

4 Knoblauchzehen
1 Eigelb
¼ l Olivenöl
Salz

So wird's gemacht:

1. Den Fisch filetieren und bis auf den Seeteufel in je vier Teile schneiden.
2. Die Kalmare oder die Kraken putzen (siehe Rezept »Tintenfische nach römischer Art« Seite 36, Zubereitungsschritt 1). Den Tintenfisch in kleine Stücke oder Ringe schneiden.
3. Die Muscheln in kaltem Wasser waschen und bereits geöffnete Muscheln wegwerfen.
4. Die Zwiebel schälen und kleinschneiden. Die Hälfte der Zwiebel zusammen mit dem Lorbeerblatt, der Petersilie, etwas Pfeffer und etwa 1½ l Wasser aufkochen. Den Tintenfisch und den Seeteufel dazugeben und alles etwa ½ Stunde kochen.
5. Die Muscheln in ein großes Sieb geben, dieses in den Sud setzen und die Meeresfrüchte etwa 5 Minuten kochen. Anschließend das Sieb herausnehmen und nichtgeöffnete Muscheln wegwerfen.
6. Den Knoblauch schälen, die Pfefferschote waschen und in kleine Stücke schneiden. Beides im heißen Öl anbraten, anschließend in einen Mörser geben, zusammen mit dem Safran zerstoßen und mit etwas Fischsud zu einem Mus verarbeiten.
7. Die restliche Zwiebel in das Bratfett geben und glasig dünsten. Die Tomaten waschen, in kleine Würfel schneiden und zur Zwiebel geben. Das Knoblauchmus und den Tintenfisch zum Gemüse geben und alles so lange kochen, bis es beginnt Wasser zu ziehen. Dann den Reis, die Muscheln und etwas Salz hinzufügen. Alles mit Fischsud bedecken und den Reis bei geringer Hitzezufuhr etwa 20 Minuten kochen. Der Reis sollte gar, aber noch körnig sein. Ihn dann 10 Minuten ruhen lassen.

8. In der Zwischenzeit das restliche Fischfilet in dem Fischsud in 10 Minuten gar ziehen lassen.

9. Für die Alioli die Knoblauchzehen schälen, in einem Mörser mit etwas Salz und dem Eigelb zerstoßen. Nach und nach das Öl tropfenweise hinzugießen und dabei so lange rühren, bis eine homogene, cremige Masse entstanden und das Öl verbraucht ist. Die Alioli salzen.

10. Den Reis und den Fisch auf einer Platte anrichten, die Alioli in einer Sauciere dazu reichen.

Marmitako

Thunfischeintopf

Zubereitungszeit: ca. ¾ Stunden

Sie benötigen für 6 Portionen:

1 Zwiebel
5 Knoblauchzehen
2 grüne Paprikaschoten
200 g Tomaten
1 kg Kartoffeln
⅛ l Olivenöl
Salz
weißen Pfeffer aus der Mühle
¼ l spanischen Weißwein
750 g Thunfisch
200 g altbackenes Weißbrot

So wird's gemacht:

1. Die Zwiebel und den Knoblauch schälen und kleinschneiden. Die Paprikaschoten und die Tomaten waschen, putzen und fein würfeln. Die Kartoffeln schälen und in Scheiben schneiden.

2. Das Öl in einem feuerfesten Tontopf oder in einem Schmortopf erhitzen und die Zwiebel und den Knoblauch darin anbraten.

3. Dann die Paprikaschoten, die Tomaten und die Kartoffeln hinzufügen, alles mit etwas Salz und Pfeffer würzen. Den Weißwein und ¼ l Wasser angießen. Das Gemüse etwa 20 Minuten kochen lassen.

4. Nun den Thunfisch in kleine Stücke schneiden, nach der Hälfte der Garzeit zum Gemüse geben.

5. Zum Schluß das Weißbrot in Würfel schneiden, zum Eintopf geben und alles noch etwa 2 Minuten kochen lassen. Das Gericht direkt im Topf servieren.

Cazuela de gambas con atún

Thunfischgericht mit Garnelen

Zubereitungszeit: ca. ¾ Stunden

Sie benötigen für 4 Portionen:

500 g Garnelen
Salz
600 g Thunfisch
5 EL Olivenöl
50 g Butter
2 EL Mehl
2 Knoblauchzehen
1 EL feingehackte Petersilie
¼ l spanischen Weißwein

So wird's gemacht:

1. Die Garnelen in reichlich leicht gesalzenem Wasser aufkochen. Den Topf vom Herd ziehen und die Garnelen im Sud erkalten lassen.

2. Die Haut des Thunfisches entfernen, das Fleisch in gleichmäßig große Stücke teilen, dabei die Gräten entfernen. Die Fischstücke in heißem Öl kurz anbraten. Sie dann in eine feuerfeste Form legen.

3. Die Butter schmelzen, das Mehl hinzufügen und kurz anschwitzen. Etwa ½ l Garnelensud unter Rühren dazugeben und alles zu einer dickflüssigen Sauce verkochen.

4. Den Knoblauch schälen, zusammen mit der Petersilie in einem Mörser zerstoßen und mit dem Weißwein mischen.

5. Diese Masse zu der Sauce geben und sie salzen. Die Garnelen schälen, einige zum Garnieren beiseite stellen. Die Sauce mit den Garnelen zum Thunfisch geben. Alles nun etwa 10 Minuten kochen lassen. Zum Servieren mit den zurückbehaltenen Garnelen garnieren.

Sancocho canario

Kanarisches Fischgericht

Zubereitungszeit: ca. $2\frac{1}{4}$ Stunden

Sie benötigen für 6 Portionen:
- 1 kg Heilbuttfilet
- 1 Zwiebel
- 3 EL feingehackte Petersilie
- 1 kg Kartoffeln
- Salz
- $\frac{1}{2}$ TL Kümmel
- 1 TL Paprikapulver
- 6 Knoblauchzehen
- schwarzen Pfeffer aus der Mühle
- 5 EL Olivenöl
- 5 EL Essig
- 500 g Gofiomehl (grobes, geröstetes Maismehl)

So wird's gemacht:

1. Den Fisch in einen Topf geben, die Zwiebel schälen und mit 1 Eßlöffel Petersilie zum Fisch geben. Alles mit Wasser bedecken und aufkochen lassen.

2. Die Kartoffeln schälen, in Würfel schneiden und zum Fisch geben. So viel Wasser aufgießen, daß sie bedeckt sind, und etwas salzen. Alles etwa 20 Minuten kochen, die Kartoffeln sollten nicht zu weich sein. Das Wasser abgießen, zwischen den Topf und den Deckel ein Küchentuch legen und den Topf so lange auf der ausgeschalteten Herdplatte stehen lassen, bis die Kartoffeln trocken und ausgedampft sind.

3. Inzwischen in einem Mörser den Kümmel, das Paprikapulver, die kleingehackten Knoblauchzehen, etwas Salz und etwas Pfeffer zerstoßen. Nach und nach etwa 4 Eßlöffel Öl dazugeben und alles zu einer cremigen Sauce, dem »Mojo«, verarbeiten. Den Essig und etwa $\frac{1}{8}$ l Wasser hinzufügen. Die Sauce soll säuerlich und nicht zu scharf sein.

4. Für die Zubereitung des Gofio das Maismehl mit etwa $\frac{1}{4}$ l Wasser, 1 Teelöffel Öl und etwas Salz zu einem festen Teig verkneten. Der Gofio muß lange und kräftig geknetet werden und zum Schluß so fest sein, daß man ihn mit dem Messer schneiden kann.

5. Den Fisch und die Kartoffeln auf zwei getrennten Platten anrichten, mit der restlichen Petersilie bestreuen. Die Sauce in einer Saucière dazu reichen. Den Gofio auf einen flachen Teller legen und in Scheiben schneiden.

Tip

Gofiomehl ist ein geröstetes, grobes Mais-, Weizen- oder Gerstenmehl, und es wird für die Zubereitung vieler Speisen auf den Kanarischen Inseln verwendet. Es dient aber auch als Brotersatz. Das Mehl ist in Spanien überall erhältlich und wird kaum selbst zubereitet, da das Herstellungsverfahren etwas langwierig ist. Die getrockneten Getreidekörner werden zuerst geröstet und dann grob gemahlen.

Der Mojo ist eine säuerlich-pikante Sauce, mit der sehr viele Gerichte gewürzt werden. Der Kümmelgeschmack tritt dabei stark in den Vordergrund.

Cocido madrileño

Madrider Eintopf mit Kichererbsen

Quellzeit: ca. 10 Stunden
Zubereitungszeit: ca. 2 Stunden

Sie benötigen für 8-10 Portionen:

300 g Kichererbsen
250 g Kartoffeln
500 g Mangold
500 g Hammelfleisch aus der Schulter
250 g Rippenstück vom Hammel
250 g Halsstück vom Hammel
150 g durchwachsenen Speck
150 g rohen, spanischen Schinken
3 kleine spanische Paprikawürste
Salz
1 Ei
1 EL feingehackte Petersilie
2 zerdrückte Knoblauchzehen
2–3 EL Paniermehl
Olivenöl zum Braten
100 g Suppennudeln

So wird's gemacht:

1. Die Kichererbsen etwa 10 Stunden in reichlich kaltem Wasser quellen lassen.
2. Die Kartoffeln schälen, den Mangold putzen. Die Kichererbsen, das Fleisch, den Speck, den Schinken, die Paprikawürste, die Kartoffeln und den Mangold in einen Schnellkochtopf schichten und alles gut mit Wasser bedecken. Etwas Salz hinzufügen, den Topf schließen und den Eintopf etwa 40 Minuten kochen.
3. Das Ei verquirlen, mit der Petersilie, dem Knoblauch und 1 Prise Salz mischen und das Paniermehl hinzufügen. Aus der Masse zwei flache, längliche Bratlinge formen und in etwas Olivenöl von beiden Seiten braten.
4. Den Schnellkochtopf öffnen, die beiden Bratlinge hineinlegen und falls notwendig noch etwas Wasser angießen. Den Eintopf nun weitere 20 Minuten im Schnellkochtopf kochen.
5. Die Eintopfflüssigkeit abgießen und die Nudeln darin in etwa 10 Minuten gar kochen.
6. Die Kichererbsen zusammen mit dem Fleisch und den anderen Zutaten auf einer großen Platte anrichten. Die Suppe mit den Nudeln als Vorspeise servieren.

Tip

Der Eintopf kann auch in einem großen Schmortopf zubereitet werden. Die Garzeit verdreifacht sich in diesem Fall.

Fabada asturiana

Bohneneintopf aus Asturien

Quellzeit: ca. 10 Stunden
Zubereitungszeit: ca. 1¾ Stunden

Sie benötigen für 6 Portionen:

300 g getrocknete, große weiße Bohnen
Salz
2 Schweinsfüße
1 Schweinsohr
1 kleine Schweinshaxe
200 g Schweinerippchen
200 g Rauchfleisch
100 g Speck
4 Kartoffeln

So wird's gemacht:

1. Die Bohnen waschen und etwa 10 Stunden in reichlich kaltem Wasser quellen lassen.
2. Sie anschließend zusammen mit dem Einweichwasser, etwas Salz, dem Fleisch und dem Speck etwa 1 Stunde kochen.
3. Die Kartoffeln schälen, dazugeben und alles noch etwa ½ Stunde kochen.
4. Den Sud mit der Hälfte der Bohnen als Suppe servieren. Das Fleisch in Portionsstücke schneiden und zusammen mit den restlichen Bohnen und den Kartoffeln auf einer Platte anrichten.

Tip

In Spanien wird häufig auch noch eine Blutwurst (Morcilla) mitgekocht, die Reis enthält und mit Zimt gewürzt ist.

Paella valenciana

Valencianische Paella

Zubereitungszeit: ca. 1¾ Stunden

Sie benötigen für 8 Portionen:

8 Geflügelbrüste
6 EL Olivenöl
3 Tomaten
3 Paprikaschoten
1 Zwiebel
2 Knoblauchzehen
3 Tintenfische
500 g valencianischen Reis
1 Msp. Safran
Salz
250 g Venusmuscheln
500 g Miesmuscheln
250 g Garnelen
8 Scampi
300 g Erbsen (frische oder TK-Erbsen)
1 unbehandelte Zitrone
100 g grüne Oliven

So wird's gemacht:

1. Die Geflügelbrüste kleinschneiden. Das Öl in einer Paellapfanne erhitzen und das Fleisch darin anbraten.

2. Die Tomaten, die Paprikaschoten, die Zwiebel und die Knoblauchzehen waschen, putzen, in kleine Stücke schneiden und zu dem Fleisch geben. Alles zusammen etwa 10 Minuten braten.

3. Die Tintenfische vorbereiten (siehe Rezept »Tintenfische nach römischer Art« Seite 36, Zubereitungsschritt 1), kleinschneiden und zu Fleisch und Gemüse geben.

4. Den Reis ebenfalls dazugeben und soviel Wasser angießen, daß er leicht bedeckt ist. Die Paella mit dem Safran und etwas Salz würzen.

5. Die Muscheln in kaltem Wasser gründlich abbürsten, von den Miesmuscheln die Bärte entfernen und bereits geöffnete Muscheln wegwerfen. Die Muscheln auf den Reis setzen und alles etwa 20 Minuten kochen.

6. Die Garnelen und die Scampi zusammen mit den Erbsen zu der Paella geben und sie noch etwa 10 Minuten kochen. Die Paella vor dem Servieren noch 5 Minuten ruhen lassen. Sie dann mit Zitronenvierteln und den Oliven garnieren.

Tip

Die Paellapfanne ist etwa 4 cm tief und in verschiedenen Größen erhältlich. Für acht Portionen nimmt man eine Pfanne mit 35 cm Durchmesser. Beim valencianischen Reis handelt es sich um eine mittelkörnige Sorte, die in der Provinz Valencia kultiviert wird.

Fleisch, Geflügel, Wild und Innereien

Die Regionen Spaniens bereichern die Nationalküche mit sehr unterschiedlichen Fleischspezialitäten. Während im Norden mehr Gerichte aus Rind-, Kalb- und Schweinefleisch zubereitet werden, sind Hammel, Lamm und Milchlamm im Zentrum, in Aragonien und in Navarra zu Hause.
Die Hochebene von Kastilien – von Segovia über Aranda de Duero bis Soria –, das ist die Heimat des exquisitesten und zartesten Lammfleisches.
Auch Wildgerichte sind in Spanien sehr beliebt. Denn wenn am Sonntag der Spanier seine Schrotflinte zur Hand nimmt, bringt er einen Hasen oder Wachteln nach Hause.

Solomillo con champiñones

Rinderlende mit Champignons

Zubereitungszeit: ca. 1 Stunde

Sie benötigen für 6 Portionen:

- 750 g Rinderlende
- Salz
- schwarzen Pfeffer aus der Mühle
- 1 kleinen Weißkohl
- 75 g Schweineschmalz
- 1 große Zwiebel
- 2 Knoblauchzehen
- 1 Möhre
- 100 ml Sherry
- Saft von 2 Zitronen
- ¼ l Rinderfond (aus dem Glas)

Für die Sauce:

- 250 g Champignons
- 1 Zitronenscheibe
- Salz
- 2 cl spanischen Brandy
- 125 g süße Sahne

So wird's gemacht:

1. Die Rinderlende von Fett und Sehnen befreien. Sie in kleine, dicke Stücke schneiden und mit Salz und Pfeffer würzen.

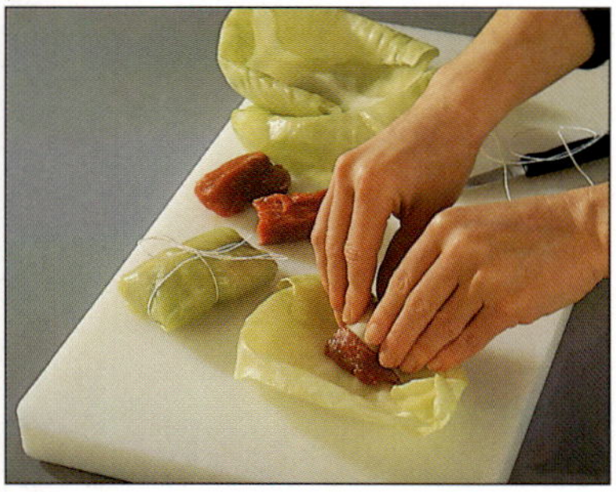

2. Die Kohlblätter vom Kopf lösen. Kurz in kochendheißes Wasser tauchen und die Blattrippen herausschneiden. Die Fleischstückchen nun einzeln mit den Kohlblättern umwickeln und mit Küchengarn zusammenbinden.

3. Das Schweineschmalz erhitzen und die Kohlpäckchen hineinlegen. Das Gemüse schälen, kleinschneiden und hinzufügen. Den Sherry, den Zitronensaft und den Fond angießen und alles so lange kochen, bis die Flüssigkeit verdampft ist. Die Päckchen herausnehmen und das Küchengarn abnehmen.

4. In der Zwischenzeit für die Sauce die Champignons waschen, halbieren und in wenig Wasser zusammen mit der Zitronenscheibe und etwas Salz kurz aufkochen.

5. Die Pilze herausnehmen und zusammen mit dem Cognac, der Sahne und etwas Wasser bei geringer Hitzezufuhr noch einmal 10 Minuten kochen.

6. Die Fleischpäckchen und die Champignons anrichten. Die Sauce dazu reichen.

Carne guisada con setas

Schmorfleisch mit Pilzen

Zubereitungszeit: ca. 1¼ Stunden

Sie benötigen für 4 Portionen:

500 g Rindfleisch zum Schmoren (Nuß oder Rose)	
1 Zwiebel	
1 Knoblauchzehe	
⅛ l Olivenöl	
1 Lorbeerblatt	
1 Msp. schwarzen Pfeffer aus der Mühle	
Salz	
¼ l spanischen Weißwein	
50 g Steinpilze	
300 ml Rinderfond (aus dem Glas)	
200 g geröstete kleine Weißbrotscheiben	

So wird's gemacht:

1. Das Fleisch in Würfel schneiden. Die Zwiebel und die Knoblauchzehe schälen und beides fein hacken.

2. Das Fleisch in heißem Öl anbraten, das Lorbeerblatt, den Pfeffer, die Zwiebel und den Knoblauch hinzufügen und alles mit Salz abschmecken. Zugedeckt etwas braten, dann den Weißwein angießen und ihn ein paar Minuten einkochen lassen.

3. Die Pilze putzen und kleinschneiden. Zum Fleisch geben und den Fond angießen. Alles zugedeckt bei geringer Hitzezufuhr etwa 1 Stunde schmoren lassen.

4. Das Fleisch mit den gerösteten Weißbrotscheiben servieren.

Tip

Im Schnellkochtopf reduziert sich die Garzeit auf etwa ¼ Stunde.

Rabo de toro a la Jerezana

Stierschwanz nach Jerez-Art

Zubereitungszeit: ca. 5 Stunden

Sie benötigen für 4 Portionen:

- 2 Stier- oder Ochsenschwänze
- 400 g Zwiebeln
- 250 g Möhren
- 1 EL feingehackte Petersilie
- ein paar Zweige Thymian
- Selleriesalz
- Salz
- 2 Knoblauchzehen
- 100 g rohen spanischen Schinken
- ⅛ l Olivenöl
- 1 Lorbeerblatt
- scharfes Paprikapulver
- 3 EL Mehl
- ¼ l spanischen Rotwein

So wird's gemacht:

1. Die Stier- oder Ochsenschwänze am besten vom Metzger in kleine Stücke schneiden lassen. Mit kaltem Wasser abwaschen.

2. Das Fleisch in einen Topf geben und so viel Wasser angießen, daß das Fleisch bedeckt ist. Die Zwiebeln und die Möhren schälen. Die Zwiebeln kleinschneiden, die Möhren in Scheiben schneiden. Die Hälfte der Zwiebeln, die Kräuter, etwas Selleriesalz und Salz zum Fleisch geben und alles zum Kochen bringen. Wenn sich auf der Oberfläche Schaum bildet, diesen abschöpfen und das Fleisch dann zugedeckt bei geringer Hitzezufuhr 4 bis 5 Stunden kochen.

3. In der Zwischenzeit die Knoblauchzehen schälen und kleinschneiden. Den Schinken fein würfeln. Das Öl erhitzen, den Knoblauch, den Schinken, die restlichen Zwiebeln, das Lorbeerblatt und etwas Paprikapulver hineingeben und darin anschwitzen. Das Mehl darunterrühren. Wenn es beginnt, braun zu werden, den Rotwein und einige Eßlöffel Kochsud dazugeben und alles sehr gut verrühren.

4. Die Sauce mit Salz abschmecken, über das Fleisch geben und das Gericht sehr heiß servieren.

Ragoût de ternera

Kalbsragout

Zubereitungszeit: ca. 1½ Stunden

Sie benötigen für 4 Portionen:

500 g Kalbfleisch
1 Zwiebel
2 Möhren
2 Lauchstangen
200 g Staudensellerie
250 g Champignons
50 g Butter
¼ l trockenen spanischen Weißwein
einige Zweige Thymian
1 EL feingehackte Petersilie
1 Gewürznelke
1 Lorbeerblatt
Salz
weißen Pfeffer aus der Mühle

Für die Sauce:

1 EL Butter
1 EL Mehl
⅛ l Kalbsfond (aus dem Glas)
2 Eigelb
8 EL süße Sahne
Saft von 1 Zitrone

So wird's gemacht:

1. Das Fleisch in Würfel schneiden. Das Gemüse und die Pilze putzen und kleinschneiden.

2. In einem Topf die Butter erwärmen. Das Fleisch, das Gemüse und die Pilze hineingeben und von allen Seiten andünsten. Etwa ¼ l Wasser und den Wein angießen und die Flüssigkeit etwas einkochen lassen. Die Kräuter und die Gewürze zu Fleisch, Gemüse und Pilzen geben. Alles salzen und pfeffern. Den Topf zudecken und das Ragout etwa ¾ Stunden bei geringer Hitzezufuhr kochen lassen.

3. Für die Sauce die Butter schmelzen, das Mehl darin bei geringer Hitzezufuhr und unter ständigem Rühren anschwitzen. Den Kalbsfond hinzufügen, alles sehr gut verrühren und etwa ¼ Stunde kochen. Diese Saucengrundlage zum Ragout geben, es nochmals etwa ¼ Stunde kochen.

4. Die Eigelbe mit der Sahne und dem Zitronensaft verquirlen, unter das Ragout rühren und es nochmals erhitzen.

Escalopines con ajetes

Kalbsfilet mit jungem Knoblauch

Zubereitungszeit: ca. 1/2 Stunde
Marinierzeit: ca. 2 Stunden

Sie benötigen für 4 Portionen:

500 g Kalbsfilet
5 EL Olivenöl
Salz
schwarzen Pfeffer aus der Mühle
2 EL Sojasauce
1 EL spanischen Wacholderbranntwein oder Gin
1 Zwiebel
300 g jungen Knoblauch mit Grün (frisch oder aus der Dose)
12 Cocktailtomaten

So wird's gemacht:

1. Das Kalbsfilet in dünne Scheiben schneiden und in eine Schüssel legen. Darüber nun 2 Eßlöffel Olivenöl, etwas Salz und Pfeffer, die Sojasauce und den Wacholderbranntwein geben und alles zugedeckt 2 Stunden marinieren.

2. Danach die Zwiebel schälen. Die Zwiebel in dünne Streifen schneiden, den Knoblauch in kleine 4 cm lange Stücke schneiden. 1 Eßlöffel Öl erhitzen und die Zwiebel darin glasig dünsten. Den Knoblauch zusammen mit den gewaschenen Tomaten dazugeben. Alles 5 bis 7 Minuten schmoren.

3. Das restliche Öl erhitzen. Das Fleisch aus der Marinade nehmen und im Öl leicht braun braten. Dann die Knoblauchsauce zusammen mit der Marinade zum Fleisch geben und alles 4 bis 5 Minuten schmoren. Die Sauce mit Salz abschmecken.

Tip

Anstelle des Knoblauchs können Sie auch kleine, dünne Frühlingszwiebeln verwenden.

Lomo de cerdo al estilo del Pirineo

Schweinelende Pyrenäen-Art

Zubereitungszeit: ca. 1 Stunde

Sie benötigen für 6 Portionen:

700 g Schweinelendenmedaillons, 1 cm dick
Salz
schwarzen Pfeffer aus der Mühle
1 kg Kartoffeln
2 Knoblauchzehen
1 EL feingehackte Petersilie
40 g gehackte, geröstete Mandeln
¼ l Weißwein
1 Lorbeerblatt
8 EL Olivenöl
2 hartgekochte Eier

So wird's gemacht:

1. Die Lendenmedaillons mit etwas Salz und Pfeffer würzen.
2. Die Kartoffeln schälen und in dünne Scheiben schneiden. Den Boden einer ofenfesten Keramikform damit auslegen und das Fleisch darauflegen.
3. Den Backofen auf 200 °C vorheizen. Die Knoblauchzehen schälen, in Scheiben schneiden und mit der Petersilie, den Mandeln, etwas Salz und Pfeffer sowie dem Wein mischen. Diese Masse nun auf das Fleisch geben, das Lorbeerblatt, etwa ¼ l Wasser und das Öl hinzufügen.
4. Die Form mit einem Deckel oder mit Alufolie abdecken, in den vorgeheizten Ofen stellen und das Gericht etwa 50 Minuten backen.
5. Zum Servieren das Fleisch und die Kartoffeln auf eine Platte legen, die Sauce darübergießen und alles mit den kleingehackten Eiern bestreuen.

Chuletas de cerdo a la brasa

Gegrillte Schweinekoteletts

Zubereitungszeit: ca. 1 Stunde

Sie benötigen für 4 Portionen:

4 Schweinekoteletts
3 EL Olivenöl
Salz
schwarzen Pfeffer aus der Mühle
100 g Kalbfleisch
100 g rohen spanischen Schinken
100 g Schweineleber
1 kleine Zwiebel
1 EL feingehackten Thymian und Rosmarin
1 EL feingehackte Petersilie

So wird's gemacht:

1. Das sichtbare Fett der Koteletts abschneiden und sie gut mit etwas Öl einreiben. Danach leicht salzen und pfeffern.

2. Das Kalbfleisch, den Schinken und die Leber sehr fein hacken. Die Zwiebel schälen und kleinschneiden. Das restliche Öl erhitzen und die Zwiebel darin glasig dünsten.

3. Die Kalbfleisch-Schinken-Leber-Masse mit den Kräutern und der Zwiebel mischen. Die Koteletts einzeln im Fleischteig einhüllen und dann in Alufolie wickeln.

4. Die Koteletts auf dem Holzkohlengrill oder bei 250 °C in der Bratröhre etwa 1/2 Stunde grillen. Vor dem Servieren das Fleisch aus der Alufolie nehmen.

Carré de cerdo a la estragón

Schweinskarree mit Estragon

Zubereitungszeit: ca. 1½ Stunden

Sie benötigen für 8 Portionen:

1 Schweinskarree (ca. 2 kg)
100 g Schweineschmalz
150 g Lauch
100 g Möhren
3 Knoblauchzehen
1 Lorbeerblatt
1 Zweig Thymian
Salz
schwarzen Pfeffer aus der Mühle
¼ l herben spanischen Rotwein
⅛ l Kalbsfond (aus dem Glas)
1 Zwiebel
300 g Äpfel
300 g Weintrauben
100 g Estragon
50 g Butter
300 g süße Sahne

So wird's gemacht:

1. Das Fleisch mit dem Schmalz einstreichen und in eine feuerfeste Form legen. Den Lauch und die Möhren putzen und kleinschneiden. Den Knoblauch putzen und zusammen mit dem Lauch, den Möhren, dem Lorbeerblatt und dem Thymian zum Fleisch geben. Alles gut salzen und pfeffern.

2. Den Rotwein und den Kalbsfond angießen. Den Backofen auf 200 °C vorheizen und das Fleisch darin etwa 1 Stunde braten.

3. Die Zwiebel schälen und kleinschneiden. Die Äpfel schälen, halbieren und das Kerngehäuse entfernen. Das Apfelfleisch in kleine Stücke schneiden. Die Trauben waschen, den Estragon kleinschneiden.

4. Die Butter erhitzen und die Zwiebel darin bräunen. Die Äpfel, die Trauben, den Estragon und die Sahne hinzufügen. Nun alles gut mischen und erhitzen.

5. Das Fleisch in Scheiben schneiden und auf eine Servierplatte legen. Den Bratenfond mit der Estragonsauce verrühren. Sie mit etwas Salz und Pfeffer abschmecken und über das Fleisch geben.

Variation

Anstelle der Trauben kann man auch 150 g Rosinen nehmen.

Chuletas de cordero asadas con salsa

Gebratene Lammkoteletts mit Sauce

Zubereitungszeit: ca. ¾ Stunden

Sie benötigen für 4 Portionen:

1 kg Lamm- oder Hammelkoteletts
Salz
250 g Tomaten
1 große Zwiebel
⅛ l Olivenöl
1 Msp. scharfes Paprikapulver
1 Lorbeerblatt
1 Msp. Rosmarin
¼ l spanischen Weißwein
schwarzen Pfeffer aus der Mühle
250 g kernlose grüne Oliven

So wird's gemacht:

1. Die Koteletts auf beiden Seiten mit etwas Salz würzen.
2. Die Tomaten schälen. Sie dazu kurz in kochendes Wasser tauchen, abschrecken und die Haut abziehen. Die Tomaten halbieren, entkernen und das Fruchtfleisch in kleine Stücke schneiden. Die Zwiebel schälen und fein würfeln.
3. Das Öl erhitzen, die Koteletts darin von beiden Seiten kurz braun braten, herausnehmen und warm stellen.
4. Die Zwiebel im Bratfett anbraten. Die Tomaten hinzufügen und alles etwa 10 Minuten kochen lassen. Mit dem Paprikapulver, dem Lorbeerblatt und dem Rosmarin würzen. Den Wein angießen und die Sauce mit etwas Salz und Pfeffer abschmecken.
5. Die Oliven fein schneiden und in die Sauce geben.
6. Die Koteletts in die Sauce legen und alles so lange kochen, bis die Sauce dicklich geworden ist.

Pierna de cordero lechal rellena con riñones

Lammkeule mit Nieren gefüllt

Zubereitungszeit: ca. 2 Stunden

Sie benötigen für 6 Portionen:

1 Milchlammkeule oder
1 kleine Hammelkeule (ca. 1½ kg)
Salz
Pfeffer aus der Mühle
1 Zweig Thymian
500 g Hammel-, Lamm- oder Kalbsnieren
2 EL Olivenöl
1 Möhre
2 Knoblauchzehen
½ Zwiebel
½ l Weißwein
800 g Kartoffeln
250 g grüne Paprikaschoten
Öl zum Braten

So wird's gemacht:

1. Den Knochen der Keule vom Metzger auslösen lassen.

2. Die dadurch entstehende Tasche kräftig mit Salz, Pfeffer und dem Thymian würzen. Die Nieren halbieren oder in dicke Scheiben schneiden und in das Fleisch legen. Nun das Fleisch zusammenrollen und mit Küchengarn zusammenbinden. Die Keule auf allen Seiten mit dem Olivenöl einreiben, salzen und in einen Schmortopf legen.

3. Die Möhre, den Knoblauch und die Zwiebel schälen, kleinschneiden und zum Fleisch geben. Alles mit dem Weißwein übergießen.

4. Den Backofen auf 200 °C vorheizen, die Keule hineinschieben und etwa 1½ Stunden braten.

5. In der Zwischenzeit die Kartoffeln schälen und in dünne Scheiben schneiden. Die Paprikaschoten putzen und in lange schmale Streifen schneiden. Beides etwa 25 Minuten vor Ende der Bratzeit des Fleisches in heißes Öl geben und so lange braten, bis die Kartoffeln weich sind. Sie dürfen aber keine Farbe annehmen.

6. Die Keule in Scheiben schneiden und auf einer Platte anrichten. Den Bratenfond durch ein Sieb passieren und über das Fleisch geben. Das Fleisch zusammen mit den gebratenen Kartoffeln und Paprikaschoten servieren.

Cordero al chilindrón

Geschmortes Hammelfleisch mit Paprikaschoten

Zubereitungszeit: ca. 1¼ Stunden

Sie benötigen für 6 Portionen:

2 Zwiebeln
2 grüne Paprikaschoten
1 kg Hammelfleisch (Schulter oder Brust)
4 EL Olivenöl
Salz
schwarzen Pfeffer aus der Mühle
1 Weißbrotscheibe
2 EL Rotweinessig
2 Knoblauchzehen
1 EL feingehackte Petersilie
1 Lorbeerblatt
¼ l Weißwein

So wird's gemacht:

1. Die Zwiebeln schälen und kleinschneiden. Die Paprikaschoten putzen und in kleine Stücke schneiden. Das Fleisch kleinwürfeln.

2. Die Hälfte des Öls in einem Ton- oder einem Schmortopf erhitzen und die Zwiebeln darin andünsten. Das Fleisch und die Paprikaschoten dazugeben und alles mit etwas Salz und Pfeffer würzen.

3. Inzwischen das restliche Öl erhitzen und die Weißbrotscheibe darin braun braten. Anschließend mit dem Essig tränken.

4. Die Knoblauchzehen schälen, in Scheiben schneiden und zusammen mit der Petersilie, dem zerkleinerten Lorbeerblatt und dem Weißbrot in einem Mörser zu Mus zerstoßen.

5. Das Mus über das Fleisch geben, den Wein angießen und so viel Wasser hinzufügen, daß das Fleisch bedeckt ist. Alles etwa 1 Stunde schmoren. Das Gericht sehr heiß servieren.

Capón con ostras

Kapaun mit Austern

Zubereitungszeit: ca. 1¾ Stunden

Sie benötigen für 8 Portionen:

100 g Kalbfleisch
24 Austern
100 g Speck
500 g Gemüse nach Belieben
(z. B. Weißkohl)
6 Eier
Salz
schwarzen Pfeffer aus der Mühle
1 Msp. geriebene Muskatnuß
1 küchenfertigen Kapaun oder
1 küchenfertige Poularde
100 g Schweineschmalz
Saft von 1 Zitrone
1 EL Mehl
100 g geröstete Weißbrotscheiben

So wird's gemacht:

1. Das Kalbfleisch sehr fein hacken. Die Austern öffnen (siehe Rezept »Austernsuppe« Seite 79, Zubereitungsschritt 1). Das Fleisch aus der Schale nehmen und kleinschneiden. Etwas Austernfleisch beiseite stellen. Den Speck kleinschneiden und in einer Pfanne ausbraten. Das Fleisch und die restlichen Austern darin anbraten.

2. Das Gemüse putzen, blanchieren und kleinschneiden. Dann unter das Fleisch geben. Vier Eier verquirlen, mit etwas Salz, Pfeffer und dem Muskat würzen und unter die Fleisch-Gemüse-Austern-Masse rühren.

3. Die Farce leicht stocken lassen, aus der Pfanne nehmen und noch einmal alles fein hacken. Die restlichen Eier verquirlen und mit den Austern, die beiseite gestellt wurden, unter die Farce geben.

4. Den Backofen auf 220 °C vorheizen. Die Farce in den Kapaun oder die Poularde füllen. Das Geflügel von außen mit dem Schweineschmalz einreiben, salzen und in einen Bräter setzen. Dann etwa 1 Stunde braten. Dabei ab und zu mit dem Bratenfond begießen.

5. Den Bratenfond abgießen, mit dem Zitronensaft mischen und diese Sauce mit dem Mehl andicken.

6. Den Kapaun oder die Poularde in kleine Stücke teilen und auf die gerösteten Weißbrotscheiben legen. Die Farce etwas erkalten lassen, in Scheiben schneiden und auf dem Fleisch verteilen. Zum Schluß die Sauce darübergießen.

Oca con peras

Gans mit Birnen

Zubereitungszeit: ca. 2 Stunden

Sie benötigen für 6 Portionen:

1 küchenfertige Gans
2 Zwiebeln
4 Knoblauchzehen
1 Lorbeerblatt
1/4 l Öl
100 g Schweineschmalz
1 EL feingehackte Petersilie
50 g Pinienkerne
50 g Rosinen
1 Msp. Zimtpulver
1 Tomate
1 EL Milch
8 feste Birnen
2 cl spanischen Anisette oder Pastis
30 g Zucker

So wird's gemacht:

1. Die Gans in größere Stücke zerteilen und etwa 1/2 Stunde in reichlich Wasser kochen.

2. Die Zwiebeln und die Knoblauchzehen schälen. Die Zwiebeln und 3 Knoblauchzehen fein hacken. 1 Knoblauchzehe in Scheiben schneiden. Die Hälfte der Zwiebeln und die feingehackten Knoblauchzehen zusammen mit dem Lorbeerblatt und den Gänseteilen im heißen Öl gut anbraten.

3. Das Schweineschmalz erhitzen, die restlichen Zwiebeln, die in Scheiben geschnittene Knoblauchzehe, die Petersilie, die Pinienkerne, die Rosinen und den Zimt dazugeben. Die Tomate waschen, kleinschneiden und zusammen mit der Milch zum Schmalz geben.

4. Die Birnen schälen und in dieser Sauce kurz dünsten.

5. Die Sauce mit den Birnen in einen großen Topf geben, 1 Tasse Wasser und den Anisette angießen. Alles etwa 1/2 Stunde kochen.

6. Die Gänseteile nun dazugeben und etwa 1/4 Stunde kochen.

7. Wenn das Fleisch weich ist, es herausnehmen und auf eine Platte geben. Die Birnen mit dem Stiel nach oben um das Fleisch herumlegen.

8. Den Zucker mit etwas Wasser beträufeln, karamelisieren und über die Birnen geben. Die Sauce durch ein Sieb passieren und über das Fleisch gießen.

Pollo a la aragonesa

Hähnchen nach aragonesischer Art

Zubereitungszeit: ca. 1½ Stunden

Sie benötigen für 4 Portionen:

4 Hähnchenbrüste
100 g Kalbfleisch
100 g rohen spanischen Schinken
3 Hühnerlebern
3 Eigelb von hartgekochten Eiern
Salz
schwarzen Pfeffer aus der Mühle
500 g Zwiebeln
250 g Möhren
2 grüne Paprikaschoten
1 kg Tomaten
2 EL feingehackte Petersilie
1 Lorbeerblatt
1 Zweig Rosmarin
2 EL Schweineschmalz
¼ l Weißwein
⅛ l Geflügelfond (aus dem Glas)
3 EL Olivenöl
1 Msp. gemahlene Nelken
50 g geröstete Weißbrotscheiben

So wird's gemacht:

1. Die Hähnchenbrüste quer halbieren.

2. Das Kalbfleisch, 80 g Schinken und die Lebern fein hacken. Die Eigelbe sowie etwas Salz und Pfeffer dazugeben und alles gut mischen. Die Farce auf den Geflügelbrüsten verteilen, die Stücke zusammenrollen und zusammenbinden.

3. Die Zwiebeln und die Möhren schälen, die Zwiebeln hacken, die Möhren in Scheiben schneiden. Die Paprikaschoten putzen, die Tomaten waschen und beides fein würfeln.

4. Den Backofen auf 180 °C vorheizen. Einen Schmortopf bereitstellen und den Boden mit 2 Eßlöffeln Zwiebeln, den Möhren, der Petersilie, dem geviertelten Lorbeerblatt und dem Rosmarin belegen. Darauf die Geflügelbruströllchen setzen. Sie leicht salzen und das Schweineschmalz in Flöckchen darauf legen.

5. Dann die Hähnchenbrüste etwa ½ Stunde im Ofen braten. Nach ¼ Stunde den Wein dazugießen. Nach weiteren 10 Minuten den Geflügelfond hinzufügen und die Brüste noch etwa ¼ Stunde schmoren.

6. Das Öl in einer Pfanne erhitzen und die restlichen Zwiebeln, die Paprikaschoten und den restlichen, gewürfelten Schinken darin braten. Die Tomaten dazugeben. 2 bis 3 Eßlöffel Bratenfond angießen und alles gut durchkochen. Die Sauce mit etwas Salz, Pfeffer und den Nelken würzen. Sie durch ein Sieb passieren und weitere 10 Minuten kochen.

7. Wenn die Sauce cremig geworden ist, die Hälfte davon auf eine Servierplatte geben. Die Geflügelröllchen und die Möhren darauf legen. Alles mit den Weißbrotscheiben garnieren. Den Rest der Sauce entweder über das Fleisch gießen oder in einer Sauciere getrennt dazu reichen.

Pollo con salsa de almendras

Hähnchen mit Mandelsauce

Zubereitungszeit: ca. 1 Stunde

Sie benötigen für 6 Portionen:

2 kleine Hähnchen (à 900 g)
2 mittelgroße Zwiebeln
4 Möhren
4 Stangen Lauch
1 EL Olivenöl
Salz
weißen Pfeffer aus der Mühle
150 g gemahlene Mandeln
200 g süße Sahne
50 g Butter
250 g Ananas (aus der Dose)

So wird's gemacht:

1. Die Hähnchen waschen, trockentupfen und in Portionsstücke schneiden. Die Zwiebeln schälen und fein hacken. Die Möhren und den Lauch waschen, putzen und in kleine Stücke schneiden.

2. Das Öl in einem Schmortopf erhitzen, die Hähnchenteile darin anbraten und wieder herausnehmen. Das Gemüse in dem Bratfett anbraten und nach etwa 10 Minuten das Fleisch wieder dazugeben.

3. Nun alles mit etwas Salz und Pfeffer würzen, etwa 1/4 l Wasser dazugießen und das Hähnchenfleisch zusammen mit dem Gemüse eine weitere 1/4 Stunde schmoren.

4. Die Mandeln mit der Sahne mischen, zum Fleisch geben und alles nochmals 10 Minuten schmoren.

5. In der Zwischenzeit die Butter erhitzen, die Ananasscheiben halbieren und darin kurz dünsten.

6. Die Hähnchenteile aus der Sauce nehmen; auf eine Platte legen und mit den Ananasscheiben garnieren. Die Sauce in einer Saucière getrennt dazu servieren.

Pularda rellena

Gefüllte Poularde

Zubereitungszeit: ca. 1½ Stunden

Sie benötigen für 4 Portionen:

1 Poularde (ca. 1½ kg)
Salz
schwarzen Pfeffer aus der Mühle
100 g getrocknete Pflaumen
50 g Rosinen
1 Apfel (vorzugsweise Cox Orange, Renette)
150 g Schinkenspeck, in dünnen Scheiben
150 g Langkornreis
1 Zwiebel
1 Msp. Curry

So wird's gemacht:

1. Die Poularde waschen, trockentupfen und von innen wie von außen mit etwas Salz und Pfeffer einreiben.

2. Die Pflaumen und die Rosinen in reichlich warmem Wasser einweichen. Den Apfel waschen, vierteln und das Kerngehäuse entfernen. Den Apfel mit den Trockenfrüchten mischen, die Poularde damit füllen und sie zunähen. Die Speckscheiben auf die Poularde legen und auf ihr festbinden.

3. Den Backofen auf 200 °C vorheizen. Die Poularde in einen Schmortopf legen und in der Bratröhre etwa 1 Stunde braten. Dabei ab und zu wenden.

4. In der Zwischenzeit den Reis in reichlich Wasser in etwa 12 Minuten bißfest kochen. Die Zwiebel schälen und sehr fein hacken. Reis und Zwiebeln mischen und mit etwas Curry würzen.

5. Die Poularde aus dem Ofen nehmen und in vier Teile schneiden. Das Fleisch, die Obstfüllung und den Reis servieren.

Faisán al estilo de Alcántara

Fasan Alcántara-Art

Zubereitungszeit: ca. 1 Stunde
Marinierzeit: ca. 12 Stunden

Sie benötigen für 4 Portionen:

1 küchenfertigen Fasan
Salz
Pfeffer aus der Mühle
2 Entenlebern
2 EL Öl
100 g Trüffeln
½ l Portwein
100 g Schweineschmalz

So wird's gemacht:

1. Das Innere des Fasans mit etwas Salz und Pfeffer würzen.

2. Die Entenleberstücke im heißen Öl kurz von allen Seiten braten und anschließend durch ein Sieb streichen oder pürieren. Die Trüffeln putzen und in Stücke schneiden. Die Hälfte der Trüffeln im Portwein aufkochen, herausnehmen und unter die Leber mischen. Die Farce leicht salzen.

3. Den Fasan mit dieser Farce füllen und zunähen. In den Portwein legen und etwa 12 Stunden marinieren.

4. Den Fasan danach herausnehmen, mit dem Schweineschmalz bestreichen und in einen Bräter legen. Den Backofen auf 220 °C vorheizen, den Fasan darin etwa ½ Stunde braten. Dabei ab und zu wenden. Wenn der Fasan leicht gebräunt ist, die Portweinmarinade dazugießen und die restlichen Trüffeln dazugeben. Den Fasan noch 10 Minuten braten.

5. Den Fasan zum Servieren auf eine Platte legen, mit dem Bratenfond begießen und mit den Trüffeln garnieren.

Perdices con chocolate

Rebhuhn mit Schokoladensauce

Zubereitungszeit: ca. 1¾ Stunden

Sie benötigen für 4 Portionen:

- 2 küchenfertige Rebhühner
- Salz
- schwarzen Pfeffer aus der Mühle
- 1 große Zwiebel
- 50 g Knollensellerie
- ⅛ l Olivenöl
- ¼ l Weißwein
- 1 EL Essig
- 1 Lorbeerblatt
- 40 g Kochschokolade
- 4 große Weißbrotscheiben
- Öl zum Rösten

So wird's gemacht:

1. Die Rebhühner innen salzen und pfeffern. Die Zwiebel und den Sellerie schälen und fein würfeln.

2. Das Öl erhitzen und die Rebhühner von allen Seiten darin braun braten, dann wieder herausnehmen.

3. Nun die Zwiebel in das Fett geben und darin glasig dünsten. Die Rebhühner wieder dazugeben und den Wein sowie etwa ½ l Wasser angießen. Etwas Salz und Pfeffer, den Essig, das Lorbeerblatt und den Sellerie hinzufügen und alles etwa 1 Stunde kochen. Ab und zu das Geflügel wenden.

4. Die Rebhühner aus dem Topf nehmen und im Backofen bei 60 °C warm stellen. Die Sauce durch ein Sieb passieren und die Schokolade darin auflösen. Die Sauce kurz aufkochen lassen und das Fleisch zurück in die Sauce legen.

5. Die Weißbrotscheiben in etwas heißem Öl goldbraun rösten. Die Rebhühner halbieren. Je ein halbes Rebhuhn auf eine Weißbrotscheibe legen und alles auf einer Servierplatte anrichten. Die Schokoladensauce darübergießen und das Gericht sehr heiß servieren.

Codornices con uvas

Wachteln mit Weintrauben

Zubereitungszeit: ca. 40 Minuten

Sie benötigen für 6 Portionen:

500 g Weintrauben
12 küchenfertige Wachteln
500 g rohen spanischen Schinken, in dünnen Scheiben
Salz
schwarzen Pfeffer aus der Mühle
50 g Schweineschmalz
¼ l trockenen spanischen Weißwein

So wird's gemacht:

1. Die Trauben halbieren, entkernen und die Schale abziehen.

2. Die Wachteln mit etwa 400 g Trauben füllen und mit den Schinkenscheiben umwickeln. Mit etwas Salz und Pfeffer würzen.

3. Das Schweineschmalz in einen Topf geben und die Wachteln hineinlegen. Die Wachteln bei geringer Hitzezufuhr zugedeckt etwa ½ Stunde garen. Wenn sie beginnen, braun zu werden, das Fett abgießen und fast den gesamten Weißwein in den Topf geben. Die Wachteln noch 5 Minuten schmoren.

4. Die Wachteln in eine Tonschale legen. Die Sauce mit dem restlichen Wein noch etwa 5 Minuten kochen. Nun die restlichen Weintrauben dazugeben und in der Sauce wärmen. Die Wachteln vorsichtig mit der Sauce begießen.

Liebre a la cazadora

Hase nach Jägerart

Zubereitungszeit: ca. 1¼ Stunden

Sie benötigen für 4 Portionen:

1 küchenfertigen Hasen mit Innereien
100 g rohen spanischen Schinken
100 g Speck
2 Zwiebeln
5 Knoblauchzehen
⅛ l Olivenöl
¼ l spanischen Rotwein
2 cl spanischen Brandy
250 g Tomaten
Salz
schwarzen Pfeffer aus der Mühle
1 Zweig Thymian
2 EL feingehackte Petersilie
300 g kleine Champignons
8 geröstete Weißbrotscheiben

So wird's gemacht:

1. Den Hasen in Stücke zerteilen. Dazu den Kopf, die Keulen und die Vorderläufe mit einem scharfen Messer abtrennen und den Rücken zweimal durchschneiden. Die Leber und die Nieren kleinschneiden und beiseite stellen.

2. Den Schinken, den Speck, die geschälten Zwiebeln und die geschälten Knoblauchzehen fein hacken. In einer Schmorpfanne das Olivenöl stark erhitzen, alles darin leicht braun braten und wieder herausnehmen.

3. Nun die Fleischstücke salzen und in dem sehr heißen Öl von allen Seiten braten. Wenn das Fleisch eine braune Kruste bekommen hat, es in einen feuerfesten Topf legen und mit dem Wein und dem Brandy begießen.

4. Die Innereien kurz im Bratfett anbraten und zum Fleisch geben.

5. Die Tomaten kurz in heißes Wasser tauchen, schälen, entkernen und in kleine Würfel schneiden. Diese zusammen mit der Schinkenmischung, etwas Salz und Pfeffer, dem Thymian und der Petersilie zum Fleisch geben. Alles zugedeckt etwa ½ Stunde schmoren.

6. In der Zwischenzeit die Champignons putzen, nach Belieben kleinschneiden. Sie nach ¼ Stunde Garzeit in den Topf geben, wenn notwendig noch etwas Wasser angießen und alles fertigschmoren.

7. Die Hasenstücke auf eine Platte legen, mit der Sauce begießen und mit den Weißbrotscheiben garnieren.

Lengua de ternera

Kalbszunge

Zeit zum Wässern: ca. 2 Stunden
Zubereitungszeit: ca. 3½ Stunden

Sie benötigen für 6 Portionen:

1 Kalbszunge (ca. 400 g)
1 große Zwiebel
2 Knoblauchzehen
2 Tomaten
5 Möhren
¼ l Olivenöl
1 Gewürznelke
1 Zweig Thymian
1 EL feingehackte Petersilie
Salz
schwarzen Pfeffer aus der Mühle
⅛ l trockenen Weißwein
3 grüne Paprikaschoten

So wird's gemacht:

1. Die Zunge waschen und für etwa 2 Stunden in reichlich kaltes Wasser legen. Danach mit viel kaltem Wasser aufsetzen und die Zunge etwa ¼ Stunde kochen.

2. In der Zwischenzeit die Zwiebel und den Knoblauch schälen, die Tomaten waschen und alles kleinschneiden. Die Möhren schälen, aber ganz lassen.

3. Das Öl erhitzen. Die Zunge hineingeben und die Zwiebel, die Möhren, die Tomaten, die Gewürznelke, den Knoblauch, den Thymian und die Petersilie hinzufügen und alles mit etwas Salz und Pfeffer würzen. Den Weißwein angießen und alles zugedeckt etwa 3 Stunden schmoren lassen. Dabei die Zunge ab und zu wenden.

4. In der Zwischenzeit die Paprikaschoten putzen und kleinschneiden. Sie kurz vor Ende der Garzeit zur Zunge geben.

5. Die gekochte Zunge längs in Scheiben schneiden und auf eine Platte legen. Mit den Möhren garnieren. Die Sauce durch ein Sieb passieren und über die Zunge gießen.

Riñones al Jerez

Nieren in Sherrysauce

Zeit zum Wässern: ca. ½ Stunde
Zubereitungszeit: ca. ½ Stunde

Sie benötigen für 4 Portionen:

8 Hammelnieren oder 2 Kalbsnieren
Essig
Salz
schwarzen Pfeffer aus der Mühle
4 EL Olivenöl
4 Knoblauchzehen
2 kleine Weißbrotscheiben
2 EL feingehackte Petersilie
1 Zwiebel
¼ l trockenen Sherry
250 g Tomaten

So wird's gemacht:

1. Die Nieren etwa ½ Stunde in mit wenig Essig gesäuertes Wasser legen. Anschließend die Nieren in Scheiben schneiden und mit etwas Salz und Pfeffer würzen.

2. Das Öl erhitzen und die Nieren darin rasch anbraten. Sie dürfen auf keinen Fall Wasser ziehen, sonst werden sie zäh. Anschließend die Nieren herausnehmen, abtropfen lassen und warm stellen.

3. Die Knoblauchzehen schälen, in Scheiben schneiden und zusammen mit dem entrindeten Weißbrot im heißen Bratfett braun braten. Herausnehmen und zusammen mit der Petersilie in einem Mörser zerstoßen, so daß ein Mus entsteht.

4. Die Zwiebel schälen, fein schneiden und im heißen Öl braten. Die Nieren und den Sherry dazugeben, dann alles ein wenig mit Salz und Pfeffer würzen. Die Tomaten waschen, pürieren, nach Belieben durch ein Sieb streichen und zu den Nieren geben.

5. Das Knoblauchmus nun unter die Nieren geben und alles noch 5 Minuten kochen.

Fische und Meeresfrüchte

Liebhaber von Fisch und Meeresfrüchten finden in Spanien ein Schlemmerparadies. Unerschöpflich ist die Vielzahl der Zubereitungsarten, und jede Region hat ihre eigenen Spezialitäten: Muscheln, Austern und Kabeljau an der Atlantikküste, Brassen und Langusten im Mittelmeerraum. Für manchen ungewohnt mag der Stockfisch sein, doch durch die Kochkunst der spanischen Hausfrau oder eines Küchenchefs wird er zu einer wahren Delikatesse.

Ajoarriero

Stockfisch nach aragonesischer Art

Zeit zum Wässern: 24–36 Stunden
Zubereitungszeit: ca. 1½ Stunden

Sie benötigen für 6 Portionen:

- 1 kg Stockfisch
- ¼ l Olivenöl
- 3 Knoblauchzehen
- 1 große Zwiebel
- 750 g Kartoffeln
- 2 rote Paprikaschoten
- 750 g Tomaten
- Salz
- 1 EL feingehackte Petersilie

So wird's gemacht:

1. Den Stockfisch in kleine Stücke brechen und 24 bis 36 Stunden wässern. Dabei das Wasser mehrmals wechseln. Nach dem Wässern den Fisch gründlich unter fließendem kalten Wasser waschen.

2. Die Hälfte des Öls in einem feuerfesten Tontopf erhitzen. 2 Knoblauchzehen schälen und darin anbraten. Den Stockfisch hinzufügen und braten. Den Topf dabei häufig in kreisförmigen Bewegungen schwenken, damit sich die Gelatine, die der Fisch abgibt, mit dem Öl zu einer homogenen Creme verbindet.

3. Die restliche Knoblauchzehe, die Zwiebel und die Kartoffeln schälen. Die Knoblauchzehe in Scheiben, die Zwiebel in Würfel und die Kartoffeln in kleine Stücke schneiden. In einer Pfanne das restliche Öl erhitzen. Die Knoblauchzehe und die Zwiebel darin andünsten. Die Kartoffeln hinzufügen und alles braten.

4. Die Paprikaschoten und die Tomaten putzen, kleinschneiden und nach etwa ¼ Stunde Bratzeit zu den Kartoffeln geben. Alles weitere 10 Minuten braten.

5. Das Gemüse aus der Pfanne nehmen und zum Fisch geben. Alles salzen, mit der Petersilie bestreuen, noch etwa ¼ Stunde garen und direkt im Tontopf servieren.

Tip

Stockfisch sollte immer in einem Tontopf zubereitet werden, da dieser die Hitze lange speichert. Der Fisch muß langsam braten, damit die Gelatine, die der Stockfisch abgibt, sich mit dem Öl gut verbindet. Wenn der Geschmack des Fisches nicht sehr salzig sein soll, können Sie ihn bis zu 36 Stunden wässern, sonst reichen 24 Stunden aus.

Bacalao al Pil Pil

Stockfisch »Pil Pil«

Zeit zum Wässern: ca. 24 Stunden
Zubereitungszeit: ca. 50 Minuten

Sie benötigen für 4 Portionen:

600 g	Stockfisch
¼ l	Olivenöl
4	Knoblauchzehen
1	Pfefferschote

So wird's gemacht:

1. Den Stockfisch in kleine Stücke brechen und für etwa 24 Stunden in kaltes Wasser legen. Dabei das Wasser mehrmals wechseln. Den Fisch danach nochmals gründlich unter fließendem kalten Wasser waschen.

2. Den Fisch eventuell schuppen und dabei darauf achten, daß die Haut nicht verletzt wird.

3. Den Fisch in einen Topf legen und reichlich kaltes Wasser dazugießen. Alles bei mittelster Hitzezufuhr erwärmen. Wenn sich auf der Oberfläche Schaum bildet, den Fisch aus dem Topf heben und auf einem Küchentuch abtropfen lassen.

4. In einem feuerfesten Tontopf das Öl erwärmen. Die geschälten Knoblauchzehen und die Pfefferschote darin leicht anbräunen, herausnehmen und beiseite stellen.

5. Den Fisch mit der Hautseite nach unten in den Topf legen und langsam garen. Dabei häufig den Topf in kreisförmigen Bewegungen schwenken. Die Gelatine, die die Haut des Fisches abgibt, muß sich mit dem Öl zu einer homogenen Masse verbinden. Dieser Vorgang dauert 10 bis 15 Minuten. Auf keinen Fall den Fisch umrühren!

6. Den Knoblauch und die Pfefferschote wieder zum Fisch geben und alles noch 5 Minuten auf der Herdplatte ziehen lassen. Dann sofort servieren.

Tip

Beim Kauf des Stockfisches darauf achten, daß das Fleisch weiß und nicht gelblich ist.

Besugo con salsa amarilla

Meerbrasse in Safransauce

Zubereitungszeit: ca. 50 Minuten

Sie benötigen für 4 Portionen:

1 große oder 2 kleine küchenfertige Meerbrassen (ca. 1 kg)
1 große Zwiebel
4 Knoblauchzehen
20 Haselnüsse
1 EL feingehackte Petersilie
½ TL Safranfäden
Salz
weißen Pfeffer aus der Mühle
⅛ l Olivenöl
200 ml heiße Milch

So wird's gemacht:

1. Den Fisch falls notwendig noch schuppen und waschen.

2. Die Zwiebel und den Knoblauch schälen und fein hacken. Die Haselnüsse grob zerkleinern. Alles zusammen mit der Petersilie, dem Safran, etwas Salz und Pfeffer, 1 Eßlöffel Öl und der Milch in einem Mixer pürieren.

3. Das restliche Öl erhitzen. Den Fisch salzen und hineinlegen. Bei geringer Hitzezufuhr etwa ½ Stunde garen. Größere Fische benötigen etwa ¾ Stunden. Zwischendurch einmal wenden.

4. Das Püree erhitzen und zur Brasse reichen.

Variation

Anstelle der Meerbrasse kann man auch Schellfisch oder einen anderen weißfleischigen Fisch nehmen.

Dorada a la sal

Goldbrasse im Salzmantel

Zubereitungszeit: ca. 1 Stunde

Sie benötigen für 4 Portionen:

1 küchenfertige Goldbrasse (ca. 1 kg)
30 g Butter
1 kg grobes Meersalz
Alioli (siehe Seite 80)

So wird's gemacht:

1. Die Goldbrasse waschen und das Innere mit der flüssigen Butter ausstreichen.

2. In eine feuerfeste Form eine Schicht Salz geben und es mit etwas Wasser befeuchten. Den Fisch darauf legen und ihn mit dem restlichen Salz zudecken. Das Salz mit etwas Wasser befeuchten und gut andrükken. Es soll den Fisch wie ein Mantel umhüllen.

3. Anschließend den Ofen auf 200 °C vorheizen und den Fisch darin dann etwa ½ Stunde backen. Die Salzschicht muß danach sehr hart sein.

4. Bei Tisch die Salzkruste öffnen, die Haut bleibt dann daran hängen, und das Fleisch zusammen mit der Alioli servieren.

Lenguados al estilo de Tenerife

Seezunge Teneriffa-Art

Zubereitungszeit: ca. ½ Stunde

Sie benötigen für 6 Portionen:

6 mittelgroße, küchenfertige Seezungen
Salz
100 g Butter
3 EL feingehackte Kräuter (Petersilie, Estragon, Thymian, Zitronenmelisse, Basilikum)
Butter zum Ausfetten der Form
weißen Pfeffer aus der Mühle
2 EL Paniermehl

So wird's gemacht:

1. Die Seezungen salzen.

2. Die Hälfte der Butter in einer Pfanne erhitzen und die Kräuter darin andünsten.

3. Eine feuerfeste Form ausfetten und die Seezungen mit der dunklen Hautseite nach unten in die Form legen. Die Kräuterbutter darübergießen, die Fische mit etwas Pfeffer würzen und mit dem Paniermehl bestreuen. Die restliche Butter in Flöckchen darauf setzen.

4. Den Backofen auf 200 °C vorheizen. Die Fische bei sehr starker Hitzezufuhr 2 bis 3 Minuten braten, dann in den Ofen schieben und weitere 5 Minuten backen. Die Fische in der Form servieren.

Congrio en salsa verde

Meeraal in grüner Sauce

Zubereitungszeit: ca. 40 Minuten

Sie benötigen für 6 Portionen:

1 kg Meeraal
1/8 l Olivenöl
2 mittelgroße Zwiebelscheiben
2 EL Mehl, 2 Knoblauchzehen
2 EL feingehackte Petersilie
1/4 l trockenen spanischen Weißwein
Salz

So wird's gemacht:

1. Den Aal in Scheiben schneiden und in einen Tontopf schichten.

2. Das Öl in einer Pfanne erhitzen, die Zwiebelscheiben darin leicht bräunen, wieder herausnehmen, und zum Fisch geben. Nun das Mehl im Öl unter ständigem Rühren anschwitzen, darauf achten, daß es keine Farbe bekommt.

3. Den Knoblauch schälen, sehr fein schneiden und zusammen mit der Petersilie in einem Mörser zerstoßen. Den Wein unter Rühren hinzufügen und das Mus zur Mehlschwitze geben. Alles mit einem Holzlöffel so lange rühren, bis die Sauce anfängt, dick zu werden.

4. Die Sauce salzen und zum Fisch geben. Alles bei sehr starker Hitzezufuhr zum Kochen bringen, dann bei geringer Hitzezufuhr etwa 20 Minuten köcheln lassen. Dabei ab und zu den Topf in kreisförmigen Bewegungen schwenken, damit sich die Gelatine, die die Haut des Fisches abgibt, mit der Sauce gut verbindet. Die Fischstücke nach der Hälfte der Kochzeit mit einer Gabel umdrehen. Darauf achten, daß sie nicht zu weich werden. Man kann das Gericht warm oder kalt essen.

Lubina en salsa de hinojo

Seebarsch in Dillsauce

Zubereitungszeit: ca. 1 Stunde

Sie benötigen für 6 Portionen:

1 küchenfertigen Seebarsch (Wolfsbarsch, ca. 1,5 kg)
Salz
50 g Butter
¼ l trockenen spanischen Weißwein
1 Zwiebel
2 EL Öl
weißen Pfeffer aus der Mühle
½ EL Olivenöl
3 EL feingehackten Dill
1 EL Mehl
250 g süße Sahne

So wird's gemacht:

1. Den Seebarsch falls notwendig noch schuppen, dann salzen. Den Backofen auf 200 °C vorheizen.

2. Eine feuerfeste Form ausfetten und den Fisch hineinlegen. Ihn mit der restlichen Butter belegen, den Wein und etwa ⅛ l Wasser dazugeben und den Sud salzen. Die Form in den Backofen stellen und den Fisch etwa ½ Stunde backen.

3. In der Zwischenzeit die Zwiebel schälen, kleinschneiden und im heißen Öl braun braten. Die Zwiebel mit etwas Salz, Pfeffer, dem Öl und dem Dill in einem Mörser zu Mus zerstoßen.

4. Den Fisch aus der Form nehmen, auf eine Platte legen und warm stellen. Den Fischsud in eine Pfanne geben und mit dem Dillmus mischen. Das Mehl darüberstäuben, vorsichtig darunterrühren und alles noch 5 Minuten kochen. Zum Schluß die Sahne dazugeben, die Sauce erhitzen und über den Fisch gießen.

Merluza a la sidra

Seehecht a la Sidre

Zubereitungszeit: ca. $1\frac{1}{2}$ Stunden

Sie benötigen für 6 Portionen:

1 rote Paprikaschote
1 kg Seehecht oder Kabeljau
Saft von $\frac{1}{2}$ Zitrone
2 Knoblauchzehen
Salz
250 g Venusmuscheln
1 Zwiebel
1 EL feingehackte Petersilie
4 EL Olivenöl
1 hartgekochtes Ei
1 EL Mehl
$\frac{1}{4}$ l Sidre (spanischen Apfelwein)
1 EL gemahlene Mandeln
2 EL spanischen Brandy

So wird's gemacht:

1. Die Paprikaschote waschen, trokkentupfen und auf der mittleren Schiene im Backofen bei 200 °C etwa 25 Minuten backen. Sie dann herausnehmen, sofort in kaltes Wasser tauchen und die Schale abziehen.

2. Den Fisch in sechs gleich große Stücke schneiden. Sie mit dem Zitronensaft beträufeln und etwas marinieren.

3. Die Knoblauchzehen schälen und den Fisch mit dem Knoblauch und etwas Salz einreiben. Die Muscheln in reichlich kaltem Wasser abbürsten, bereits geöffnete Muscheln wegwerfen.

4. Die Zwiebel schälen und kleinschneiden. Die Knoblauchzehen in Scheiben schneiden und mit der Petersilie zu einem Mus zerstoßen. Das Öl erhitzen und die Zwiebel darin leicht bräunen. Dann das Petersilien-Knoblauch-Mus dazugeben.

5. Das Ei pellen, halbieren, das Eigelb herausnehmen und mit dem Mehl und etwas Sidre zu einer dicken Paste verrühren, ebenfalls zu den Zwiebeln geben. Die Mandeln darüberstreuen, alles mit etwas Salz würzen, einige Minuten durchkochen und die Sauce durch ein Sieb passieren.

6. Die Hälfte der Sauce in einen Topf gießen. Die Fischstücke hineinlegen und die Muscheln darum herum verteilen. Die restliche Sauce darübergießen. Die Paprikaschote und das Eiweiß fein hacken und über den Fisch streuen. Den restlichen Sidre und den Brandy darübergießen und alles etwa $\frac{1}{4}$ Stunde kochen lassen.

7. Den Fisch direkt im Topf servieren. Muscheln, die sich beim Kochen nicht geöffnet haben, vorher herausnehmen und wegwerfen.

Tip

Sidre ähnelt dem deutschen Apfelwein und kann durch diesen ersetzt werden.
Anstelle der gebackenen Paprikaschote passen auch Paprikaschoten aus der Dose sehr gut dazu.

Pescadilla con salsa de mayonesa

Merlan mit Mayonnaise

Zubereitungszeit: ca. ½ Stunde

Sie benötigen für 4 Portionen:
1 kg küchenfertigen Merlan oder Kabeljau
1 Lorbeerblatt
Salz
2 Zwiebelscheiben
250 g Mayonnaise (Seite 64)

Zum Garnieren:
2 EL feingehackte Petersilie
1 unbehandelte Zitrone, in Scheiben
1 Tomate, in Scheiben

So wird's gemacht:

1. Den Fisch in einen Topf legen, so viel Wasser dazugeben, daß der Fisch gut bedeckt ist. Das Lorbeerblatt, etwas Salz und die Zwiebelscheiben dazugeben und alles etwa ¼ Stunde kochen. Der Fisch sollte gar, aber nicht zu weich sein. Ihn dann kalt stellen.

2. Den Fisch auf eine Platte legen und mit der Mayonnaise bestreichen. Oder die Mayonnaise getrennt zum Fisch reichen. Ihn mit fein gehackter Petersilie, Zitronen- und Tomatenscheiben garnieren.

Mero con piñones

Heilbutt mit Pinienkernen

Marinierzeit: ca. 2 Stunden
Zubereitungszeit: ca. ½ Stunde

Sie benötigen für 6 Portionen:

1 kg küchenfertigen Heilbutt
¼ l Olivenöl
Salz
weißen Pfeffer aus der Mühle
3 EL Mehl
2 Knoblauchzehen
1 EL feingehackte Petersilie
100 g Pinienkerne
50 g Kapern

So wird's gemacht:

1. Den Fisch in sechs Scheiben schneiden. Sie mit einigen Tropfen Öl beträufeln und mit etwas Salz und Pfeffer einreiben. Dann 2 Stunden marinieren.

2. Das restliche Öl in einer Pfanne erhitzen. Den Fisch im Mehl wenden und dann im restlichen Öl kurz von beiden Seiten braten und warm stellen.

3. Die Knoblauchzehen schälen, in Scheiben schneiden und zusammen mit der Petersilie kurz im Öl braten. Knoblauch und Petersilie in einen Mörser geben und zusammen mit den Pinienkernen und den Kapern zu Mus zerstoßen. Danach etwa 1 Tasse Wasser darunterrühren.

4. Die Sauce in die Pfanne geben, den Fisch hineinlegen und etwa 5 Minuten in der Sauce kochen. Das Gericht sofort servieren.

Rodaballo a la nata

Steinbutt mit Sahnesauce

Zubereitungszeit: ca. 1 Stunde

Sie benötigen für 4 Portionen:

1 kg küchenfertigen Steinbutt
Salz
weißen Pfeffer aus der Mühle
100 g Butter
1 Zwiebel
200 g Champignons
¼ l trockenen spanischen Weißwein
Saft von 1 Zitrone
250 g süße Sahne
feingehackte Petersilie nach Belieben

So wird's gemacht:

1. Das Steinbuttfilet von den Gräten schneiden oder den Fisch bereits vom Fischhändler filetieren lassen. Das Filet in vier Stücke teilen und mit Salz und Pfeffer würzen. Eine feuerfeste Form ausfetten und die Stücke hineinlegen.

2. Den Backofen auf 180 °C vorheizen. Die Zwiebel schälen, die Champignons putzen und die Stiele herausdrehen. Die Zwiebel und die Pilzstiele fein hacken und über den Fisch streuen. Alles mit dem Weißwein und dem Zitronensaft begießen und 1 Eßlöffel Butter darauf verteilen.

3. Ein Stück Alufolie auf der matten Seite mit Butter bestreichen und die Form damit zudecken. Den Fisch etwa ½ Stunde backen.

4. Die Champignonköpfe kurz in wenig Butter dünsten.

5. Den Fisch auf eine feuerfeste Servierplatte legen und warm stellen. Den Fischfond durch ein Sieb passieren und in einen Topf geben. Die Sahne darunterrühren und die restliche Butter darin zergehen lassen. Die Sauce mit Salz abschmecken.

6. Die Sauce über den Fisch geben, alles mit den Champignonköpfen garnieren. Nach Belieben ein wenig feingehackte Petersilie darüberstreuen.

Salmonetes con hierbas finas

Mittelmeerbarben mit feinen Kräutern

Zubereitungszeit: ca. ½ Stunde

Sie benötigen für 4 Portionen:
- 8 küchenfertige, kleine Meerbarben
- 80 g Butter
- Salz
- weißen Pfeffer aus der Mühle
- 4 EL feingehackte Kräuter (Petersilie, Thymian, Rosmarin und Dill)
- Saft von 1 Zitrone

So wird's gemacht:

1. Die Meerbarben falls es noch notwendig ist schuppen.

2. Den Backofen auf 180 °C vorheizen. Nun acht Stücke Alufolie zurechtschneiden. Die Stücke müssen so groß sein, daß ein Fisch darin eingeschlagen werden kann. Auf jede Folie einen Fisch legen, etwas Butter darauf setzen und die Fische mit etwas Salz und Pfeffer würzen. Die Kräuter auf den Fischen verteilen und die Alufolie von allen Seiten gut verschließen.

3. Die Alufolienpäckchen auf ein Backblech oder in eine feuerfeste Form legen und die Fische 15 bis 20 Minuten backen.

4. Die Barben direkt in der Folie servieren. Je nach Geschmack mit Zitronensaft beträufeln.

Sardinas a la montañesa

Sardinen in Weinblättern

Zubereitungszeit: ca. 50 Minuten

Sie benötigen für 6 Portionen:

24 küchenfertige Sardinen
Salz
48 Weinblätter
1 EL kleingeschnittene Minze
1 kg Tomaten
500 g Zwiebeln
2 Lauchstangen
4 Knoblauchzehen
⅛ l Olivenöl
¼ l trockenen spanischen Weißwein
2 EL Paniermehl
1 Msp. Paprikapulver

So wird's gemacht:

1. Die Sardinen waschen, trockentupfen, salzen und jeden Fisch mit zwei Weinblättern umwickeln.

2. Die Fische in einen Topf schichten und mit der Minze bestreuen.

3. Die Tomaten, die Zwiebeln, den Lauch und die Knoblauchzehen putzen und kleinschneiden. Mit dem Öl, dem Wein, dem Paniermehl, etwas Paprikapulver und etwas Salz mischen. Alles über die Sardinen geben, den Topf zudecken und die Fische etwa ¼ Stunde bei mittelstarker Hitzezufuhr kochen.

Pudin de pescado

Fischpudding

Zubereitungszeit: ca. 1¾ Stunden

Sie benötigen für 6 Portionen:

750 g Fischfilet (Kabeljau oder Seeteufel)
Salz
250 g Tomaten
1 Zwiebel
2 EL Öl
2 EL Butter zum Ausfetten der Form
2 EL Paniermehl
8 Eier
250 g süße Sahne
weißen Pfeffer aus der Mühle

So wird's gemacht:

1. Das Fischfilet in einen Topf legen. So viel Wasser angießen, daß der Fisch gerade bedeckt ist, und das Wasser salzen. Das Wasser zum Kochen bringen, den Topf vom Herd ziehen und den Fisch noch einige Minuten ziehen lassen. Ihn dann herausnehmen und abtropfen lassen.

2. Die Tomaten kurz mit heißem Wasser überbrühen, enthäuten, halbieren und entkernen. Das Tomatenfleisch in kleine Würfel schneiden. Die Zwiebel schälen und fein hacken.

3. Das Öl in einer Pfanne erhitzen und die Zwiebel darin kurz braten. Die Tomaten hinzufügen und alles etwa ¼ Stunde dünsten.

4. Eine feuerfeste Tonform oder eine Kastenkuchenform ausbuttern und mit dem Paniermehl ausstreuen.

5. Den Backofen auf 225 °C vorheizen. Die Eier verquirlen. Den Fisch im Mixer pürieren. Mit den Eiern und der Tomatensauce, der Sahne, etwas Salz und Pfeffer gut mixen. Die Fischmasse in die Form geben, sie in die mit heißem Wasser gefüllte Fettpfanne stellen und den Pudding etwa 1¼ Stunden im Backofen garen.

6. Den Pudding aus der Form stürzen und erkalten lassen. Ihn anschließend in Scheiben schneiden.

Tip

Zum Fischpudding paßt eine Mayonnaise (Rezept Seite 64) oder eine Tomatensauce sehr gut.

Lucio relleno

Gefüllter Hecht

Zubereitungszeit: ca. 50 Minuten

Sie benötigen für 4 Portionen:

1 küchenfertigen Hecht (1½–2 kg)
1 Zwiebel
4 Knoblauchzehen
50 g Thunfisch, naturell (aus der Dose)
1 Weißbrotscheibe
150 ml Milch
Salz
250 g Butter, ¼ l Weißwein
1 EL feingehackte Petersilie
Saft von 1 Zitrone
1 EL Mehl

So wird's gemacht:

1. Den Hecht gründlich waschen.

2. Die Zwiebel und zwei Knoblauchzehen schälen, fein schneiden und mit dem Thunfisch mischen. Das Weißbrot in der Milch kurz einweichen, ausdrücken und unter die Thunfischmasse geben. Den Hecht mit dieser Farce füllen und mit Küchengarn zubinden. Den Fisch auf allen Seiten mit etwas Salz einreiben.

3. In einem Topf die Hälfte der Butter erhitzen und den Hecht hineinlegen. Den Weißwein angießen und den Fisch bei mittelstarker Hitzezufuhr etwa 20 Minuten dünsten. 2 bis 3 Eßlöffel Milch hinzufügen und ihn noch weitere 5 Minuten dünsten.

4. Anschließend die Sauce zubereiten. Dazu den restlichen Knoblauch schälen, fein hacken und in der restlichen Butter braten. Die Petersilie und den Zitronensaft dazugeben. Das Mehl einrühren und anschwitzen lassen. Alles mit dem Fischfond aufgießen. Die Sauce salzen und eventuell mit etwas Wasser verdünnen.

5. Den gegarten Fisch auf eine Servierplatte geben, die Sauce darübergießen oder in einer Saucière getrennt dazu reichen.

Salmón al champán

Lachs in Champagnersauce

Zubereitungszeit: ca. 1 Stunde

Sie benötigen für 6 Portionen:

- 500 g vollreife Tomaten
- 1 große Zwiebel
- 100 g Butter
- 1 Lorbeerblatt
- 2 EL feingehackten Estragon und Thymian
- Salz
- 6 Scheiben Lachsfilet
- ½ l trockenen spanischen Sekt oder Champagner
- 2 EL Mehl
- 2 EL süße Sahne

So wird's gemacht:

1. Die Tomaten waschen, halbieren, entkernen und in Würfel schneiden. Die Zwiebel schälen und fein hacken.

2. Die Hälfte der Butter in einer Pfanne erhitzen und die Zwiebel darin langsam glasig dünsten. Die Tomaten, das Lorbeerblatt und die Kräuter hinzufügen, alles noch 5 Minuten dünsten, dann salzen.

3. Den Backofen auf 180 °C vorheizen. Die Sauce in eine feuerfeste Form geben. Den Lachs waschen, mit einem Küchentuch trockentupfen und auf die Sauce legen. Ihn mit dem Sekt oder dem Champagner übergießen und etwa ½ Stunde backen. Dann die Filets aus der Form nehmen und auf einer Servierplatte warm stellen.

4. Die Sauce durch ein Sieb passieren. Die restliche Butter in einer Pfanne erhitzen, das Mehl darin anschwitzen und alles mit der Sauce unter Rühren aufgießen. Die Sahne hinzufügen und die Sauce noch 5 Minuten köcheln lassen. Den Lachs damit übergießen.

Tip

Sehr hübsch sieht es aus, wenn Sie das Gericht mit kleinen Tomaten und einigen Blättern Estragon und Thymian garnieren. Wir empfehlen, den gleichen Sekt oder Champagner, den Sie zum Kochen verwenden, auch zum Essen zu servieren.

Trucha a la Navarra

Forelle Navarra-Art

Zubereitungszeit: ca. ½ Stunde

Sie benötigen für 6 Portionen:

6 küchenfertige Forellen
3 Scheiben rohen spanischen Schinken
Salz
weißen Pfeffer aus der Mühle
Öl zum Braten
40 g Mehl
2 EL feingehackte Petersilie

So wird's gemacht:

1. Die Forellen waschen.
2. Die Schinkenscheiben längs halbieren und die Forellen damit füllen. Die Fische salzen und mit etwas Pfeffer bestreuen.
3. In einer Pfanne das Öl erhitzen. Die Forellen im Mehl wenden und von beiden Seiten im heißen Öl etwa 10 Minuten braten. Danach auf einem Küchentuch abtropfen lassen, mit der Petersilie bestreuen und sehr heiß servieren.

Calamares rellenos

Gefüllte Tintenfische

Zubereitungszeit: ca. 1½ Stunden

Sie benötigen für 4 Portionen:

500 g Tintenfische
50 g rohen spanischen Schinken
1 Zwiebel
6 EL Olivenöl
2 hartgekochte Eier
50 g gefüllte Oliven
1 EL kleine Weißbrotwürfel
2 EL Milch
Salz
3 Knoblauchzehen
1 EL feingehackte Petersilie
1 EL Mehl
¼ l spanischen Weißwein

So wird's gemacht:

1. Die Tintenfische reinigen (siehe Rezept »Tintenfische nach römischer Art« Seite 36, Zubereitungsschritt 1).

2. Den Schinken und die Tastarme kleinschneiden und mischen.

3. Die Zwiebel schälen und fein hacken. Die Hälfte des Öls in einer Pfanne erhitzen und die Hälfte der Zwiebel darin glasig dünsten. Die Schinkenmischung dazugeben und mitbraten. Alles in eine Schüssel geben.

4. Die Eier pellen und zusammen mit den Oliven kleinschneiden, dann alles unter die Schinkenmasse geben. Die Weißbrotwürfel kurz in der Milch einweichen, danach ausdrükken und ebenso unter die Schinkenmasse mischen. Alles mit etwas Salz würzen und gut verkneten.

5. Die Tintenfischkörper mit dieser Masse füllen und sie mit Zahnstochern verschließen.

6. Das restliche Öl erhitzen und die Tintenfische darin anbraten. Wenn sie beginnen braun zu werden, die restlichen Zwiebeln dazugeben und alles weiterbraten.

7. Den Knoblauch schälen, kleinschneiden und zusammen mit der Petersilie, dem Mehl und einigen Tropfen Weißwein in einem Mörser zerstoßen. Diese Masse zu den Tintenfischen geben. Den Rest des Weines einrühren und alles etwa ½ Stunde zugedeckt dünsten.

Tip

Den Tintenfisch kann man auch als Vorspeise servieren. In diesem Fall läßt man ihn erkalten, schneidet ihn dann in dünne Scheiben und serviert ihn mit einer Mayonnaise (Seite 64).

Gambas con verduras y arroz

Garnelen mit Gemüse und Reis

Zubereitungszeit: ca. 3/4 Stunden

Sie benötigen für 4 Portionen:

250 g grüne Bohnen
2 Möhren
200 g Erbsen in der Schote oder
80 g TK-Erbsen
Salz
300 g Langkornreis
2 Eier
100 g Butter
500 g Riesengarnelen
Saft von 1 Zitrone

So wird's gemacht:

1. Die Bohnen und die Möhren waschen, putzen und kleinschneiden. Die Erbsen aus den Schoten lösen.

2. Die Bohnen, die Möhren und zum Schluß die Erbsen in leicht gesalzenem Wasser gar kochen.

3. Den Reis in reichlich leicht gesalzenem Wasser 12 Minuten kochen. Das Wasser abgießen. Den Reis mit lauwarmem Wasser abspülen, abtropfen lassen, salzen und auf einer Servierplatte anrichten.

4. Die Eier verquirlen und in wenig Butter daraus ein flaches Omelett backen. Es dann in kleine Stücke schneiden und auf dem Reis verteilen. Die Garnelen in leicht gesalzenes Wasser geben, es zum Kochen bringen und die Garnelen kurz ziehen lassen, dann schälen und unter den Reis mischen.

5. Die Bohnen und die Möhren in etwas heißer Butter schwenken, leicht salzen und den Rand der Platte damit belegen. Die Erbsen auf dem Reis verteilen.

6. Die restliche Butter und den Zitronensaft in einer Pfanne erhitzen, bis die Butter geschmolzen ist. Die Sauce über den Reis geben.

Langosta a la Balear

Languste nach balearischer Art

Zubereitungszeit: ca. 1 Stunde (ohne Zeit zum Abkühlen)

Sie benötigen für 6 Portionen:

- 1 Zwiebel
- ¼ l Olivenöl
- 1 EL Mehl
- ¼ l spanischen Weißwein
- 250 g Tomaten
- 100 g Möhren
- 2 Lorbeerblätter
- 1 Thymianzweig
- Salz, weißen Pfeffer aus der Mühle
- 2 Knoblauchzehen
- 80 g geröstete Mandeln
- 1 TL Paprikapulver
- 4 EL Essig
- 1 Languste (ca. 1½ kg)
- 1 Bund Petersilie
- Saft von 1 Zitrone
- 100 g Butter
- 4 cl spanischen Brandy oder Cognac
- 1 EL feingehackten Kerbel

So wird's gemacht:

1. Für die Sauce die Zwiebel schälen, kleinschneiden und in wenig Öl anbraten. Wenn sie beginnt, braun zu werden, das Mehl darunterrühren, anschwitzen und es dann mit dem Weißwein verrühren.

2. Die Tomaten waschen, die Möhren schälen und beides kleinschneiden. Zusammen mit einem Lorbeerblatt und dem Thymian zur Zwiebelsauce geben. Sie mit etwas Salz und Pfeffer abschmecken und bei geringer Hitzezufuhr 20 Minuten kochen. Dann die Sauce vom Herd ziehen.

3. Die Knoblauchzehen schälen und in einem Mörser zerstoßen. Die Mandeln mahlen und zusammen mit dem Paprikapulver hinzufügen. Alles zusammen mit dem Öl und 1 Eßlöffel Essig in die Sauce geben.

4. Die Languste waschen. Etwa 5 l Wasser, zusammen mit etwas Salz, 3 Eßlöffeln Essig, etwas Petersilie und dem zweiten Lorbeerblatt zum Kochen bringen. Die Languste kopfüber ins Wasser geben. Wenn es wieder zu kochen beginnt, die Languste 20 Minuten darin garen. Den Topf vom Herd nehmen und die Languste in dem Sud abkühlen lassen.

5. Mit einem scharfen Messer ein Loch zwischen Kopf und Panzer stoßen und die Languste mit dem Kopf nach unten halten, damit das Wasser, das beim Kochen eingedrungen ist, herauslaufen kann. Nun die Languste der Länge nach halbieren und den dunklen Darm entfernen. Das Fleisch leicht salzen, mit dem Zitronensaft beträufeln und ihn 5 Minuten einziehen lassen.

6. Die Langustenhälften mit Butterflöckchen belegen und auf einem Holzkohlen- oder in einem Elektrogrill von jeder Seite 5 bis 6 Minuten grillen.

7. Die Hälften auf einer ovalen Platte anrichten, mit dem Brandy oder dem Cognac begießen, ihn anzünden und die Langusten flambieren. Sie mit Petersilie und Zitrone garnieren.

8. Die Sauce noch einmal erhitzen, durch ein Sieb passieren, den Kerbel hinzufügen und in einer Sauciere zur Languste reichen.

Zarzuela de pescados y mariscos

Fische- und Meeresfrüchtezarzuela

Zubereitungszeit: ca. 2½ Stunden

Sie benötigen für 8 Portionen:

500 g Miesmuscheln
1 Zitronenscheibe
Salz
500 g Venusmuscheln, ersatzweise Trogmuscheln
1 kg Tintenfische
500 g Seeteufelfilet
250 g Kabeljaufilet
8 Scampi nach Belieben
500 g Riesengarnelen
⅛ l Olivenöl
1 Zwiebel
2 Knoblauchzehen
1 Lorbeerblatt
200 g geschälte Tomaten (aus der Dose)
2 EL Mehl
¼ l trockenen spanischen Weißwein
8 geröstete Weißbrotscheiben
1 Bund Petersilie

So wird's gemacht:

1. Die Miesmuscheln waschen und kochen (siehe Rezept »Muscheln mit Vinaigrette« Seite 38, Zubereitungsschritt 1 und 2). Den Sud durch ein Stoffsieb gießen, um eventuell vorhandenen Sand zu entfernen, und ihn bereit stellen.
2. Die Venusmuscheln gut waschen, bereits geöffnete Muscheln wegwerfen. Die restlichen Muscheln in reichlich Salzwasser so lange kochen, bis sich die Schalen geöffnet haben. Das Fleisch aus den Schalen nehmen. Den Sud zu dem der Miesmuscheln gießen.
3. Die Tintenfische reinigen (siehe Rezept »Tintenfische nach römischer Art« Seite 36, Zubereitungsschritt 1) und kleinschneiden. Den Seeteufel und den Kabeljau kleinschneiden.
4. Die Scampi und die Riesengarnelen 10 Minuten in kochendem Salzwasser garen und herausnehmen. Den Sud ebenso zu dem Muschelsud geben.
5. Nun den gesamten Sud in einem Topf bis auf ½ Tasse einkochen. Die Zwiebel und den Knoblauch schälen und fein hacken.
6. In einer feuerfesten Form oder einem Schmortopf etwas Öl erhitzen. Die Zwiebel, den Knoblauch und das zerkleinerte Lorbeerblatt darin anbraten. Die Tomaten hinzufügen und zugedeckt bei geringer Hitzezufuhr 10 bis 15 Minuten kochen lassen.
7. Das restliche Öl in einer Pfanne erhitzen. Die Tintenfischstücke im Mehl wenden und in dem Öl braten. Wenn sie beginnen, braun zu werden, den Kabeljau, den Seeteufel, die Garnelen und die Scampi sowie alle Muscheln dazugeben. Den Weißwein und etwas Salz hinzufügen und alles 5 Minuten kochen.
8. Nun die Fische und die Meeresfrüchte zur Tomatensauce geben, alles mit dem eingekochten Sud übergießen und etwa 20 Minuten köcheln lassen.
9. Die Zarzuela mit den gerösteten Weißbrotscheiben und der kleingeschnittenen Petersilie garnieren.

Cangrejos de mar al jerez

Krabben in Sherrysauce

Zubereitungszeit: ca. 25 Minuten

Sie benötigen für 4 Portionen:

1 kg kleine Strandkrabben
150 g Butter
1 EL feingehackte Petersilie
3 Lorbeerblätter
¼ l trockenen Sherry
Salz
weißen Pfeffer aus der Mühle

So wird's gemacht:

1. Die Krabben waschen.
2. In einem flachen Schmortopf die Butter erhitzen. Die Petersilie und die Lorbeerblätter dazugeben und etwas anschwitzen.
3. Nun die Krabben hineingeben und bei starker Hitzezufuhr etwa 10 Minuten braten. Dabei mehrmals umrühren und darauf achten, daß die Krabben nicht am Topfboden anbrennen.
4. Den Sherry dazugießen und alles mit etwas Salz und Pfeffer würzen. Die Krabben so lange dünsten, bis der Sherry fast verdampft ist. Die Lorbeerblätter entfernen und die Krabben sehr heiß servieren.

Almejas a la marinera

Muscheln nach Seemannsart

Zubereitungszeit: ca. ½ Stunde

Sie benötigen für 6 Portionen:

1 kg Venusmuscheln
1 Zwiebel
5 Knoblauchzehen
4 EL Olivenöl
1 EL Mehl
⅛ l Sherry
¼ l trockenen spanischen Weißwein
Salz
1 Pfefferschote
1 EL feingehackte Petersilie

So wird's gemacht:

1. Die Muscheln in reichlich kaltem Wasser mehrmals waschen, bereits geöffnete Muscheln wegwerfen.

2. Die Zwiebel und die Knoblauchzehen schälen, kleinschneiden und in dem erhitzten Öl leicht braun braten. Die Muscheln hinzufügen, mit einem Spachtel umrühren und das Mehl einrühren.

3. Den Sherry und den Wein dazugießen und alles so lange kochen, bis sich die Muscheln geöffnet haben. Sie dann mit ganz wenig Salz würzen.

4. Die Pfefferschote kleinschneiden und zusammen mit der Petersilie zu den Muscheln geben. Alles noch etwa 5 Minuten durchziehen lassen. Muscheln, die noch fest verschlossen sind, müssen weggeworfen werden.

Tip

Fragen Sie Ihren Fischhändler, ob die Muscheln bereits gehältert sind. Wenn nicht, sollten Sie sie über Nacht in reichlich kaltes Wasser legen.

Mejillones con patatas

Muscheln mit Kartoffeln

Zubereitungszeit: ca. 1 Stunde

Sie benötigen für 4 Portionen:

500 g Miesmuscheln
1 Zitronenscheibe
Salz
500 g Kartoffeln
200 g Zwiebeln
½ rote Paprikaschote
200 g Tomaten
5 Knoblauchzehen
1 Bund Petersilie
1 Msp. Safran
150 g ausgelöste frische oder TK-Erbsen
2 EL Olivenöl
⅛ l spanischen Weißwein

So wird's gemacht:

1. Die Muscheln waschen und kochen (siehe Rezept »Muscheln mit Vinaigrette« Seite 38, Zubereitungsschritt 1 und 2). Das Muschelfleisch aus den Schalen nehmen.

2. Den Boden einer feuerfesten Form mit 1/8 l Muschelsud begießen.

3. Die Kartoffeln schälen und in Scheiben schneiden. Die Zwiebeln schälen, die Paprikaschote und die Tomaten waschen und alles kleinschneiden. Den Knoblauch schälen und ebenso wie die Petersilie fein hacken. Den Knoblauch mit dem Safran und den Erbsen mischen und in die Form geben. 3/8 l Muschelsud angießen und alles bei geringer Hitzezufuhr so lange kochen, bis die Kartoffeln fast weich sind.

4. Nun die Muscheln hinzufügen. Das Öl und den Weißwein dazugeben, alles mit etwas Salz abschmekken und weitere 10 Minuten garen.

5. Das Ganze vor dem Servieren noch 5 Minuten im Backofen übergrillen und danach mit der Petersilie garnieren.

Langostinos con mejillones

Scampi mit Muscheln

Zubereitungszeit: ca. 40 Minuten

Sie benötigen für 4 Portionen:

- 500 g Miesmuscheln
- 1 Zitronenscheibe
- Salz
- 1 kg Scampi
- 100 g frische Pilze nach Belieben
- 5 EL Olivenöl
- 1 Knoblauchzehe
- 1 EL feingehackte Petersilie

So wird's gemacht:

1. Die Muscheln waschen und kochen (siehe Rezept »Muscheln mit Vinaigrette« Seite 38, Zubereitungsschritt 1 und 2). Das Fleisch aus den Schalen nehmen und beiseite stellen.

2. Die Scampi gut waschen. 5 Minuten in reichlich Salzwasser kochen, dann das Fleisch aus den Krusten lösen.

3. Die Pilze putzen und kleinschneiden. Etwa 4 Eßlöffel Öl in einem Topf erhitzen, die Scampi hineingeben und bei mittelstarker Hitzezufuhr braten. Nach 5 Minuten die Muscheln und die Pilze dazugeben und alles weitere 5 Minuten braten.

4. In der Zwischenzeit den Knoblauch schälen, in Scheiben schneiden und zusammen mit der Petersilie, dem Salz und dem restlichen Eßlöffel Öl in einem Mörser zerstoßen. Die Sauce zu den Meeresfrüchten geben und alles noch ein paar Minuten kochen lassen.

Ostras al horno

Gebackene Austern

Zubereitungszeit: ca. ¾ Stunden

Sie benötigen für 6 Portionen:

36 Austern
100 g Blattspinat
150 g Möhren
150 g Lauch
150 g Butter
4 EL feingehackte Schalotten
¼ l spanischen Weißwein
4 EL süße Sahne
Saft von 1 Zitrone
Salz

So wird's gemacht:

1. Die Austern öffnen (siehe Rezept »Austernsuppe« Seite 79, Zubereitungsschritt 1). Das Fleisch aus den Schalen lösen. Die tiefen Austernschalenhälften waschen.

2. Den Spinat verlesen und die Blätter in kochendem Wasser kurz blanchieren. Auf jede Austernschale ein Spinatblatt und eine Auster legen.

3. Die Möhren und den Lauch putzen, in sehr feine Streifen schneiden und kurz in wenig heißer Butter dünsten. Die Gemüsestreifen auf den Austern verteilen.

4. Die Schalottenwürfel in wenig Butter andünsten, den Wein dazugießen und zur Hälfte einkochen lassen. Die Sahne hinzufügen, alles aufkochen lassen und die restliche Butter sowie den Zitronensaft dazugeben. Die Sauce mit ganz wenig Salz abschmecken.

5. Den Backofen auf 180 °C vorheizen. Etwas Wasser in die Fettpfanne gießen und die Austern darauf geben. Die Sauce in die Schalen gießen und alles mit Alufolie bedecken. Die Austern etwa 5 Minuten backen.

Vieiras al estilo de las Rias Bajas

Jakobsmuscheln Rias-Bajas-Art

Zubereitungszeit: ca. 20 Minuten

Sie benötigen für 6 Portionen:

- 12 Jakobsmuscheln
- 150 g Zwiebeln
- 2 Knoblauchzehen
- 1 EL feingehackte Petersilie
- 1 Msp. Nelkenpulver
- Salz
- Pfeffer aus der Mühle
- 50 g Paniermehl
- 3 EL Öl

So wird's gemacht:

1. Die Jakobsmuscheln gründlich reinigen und mit einem Messer öffnen. Den oberen Schalenteil entfernen. Das Muschelfleisch aus der unteren Schale lösen. Die Häute und die Fransen entfernen. Die untere Muschelschale reinigen.

2. Das weiße Muschelfleisch und den orangefarbenen Rogen in kleine Stücke schneiden. Die Zwiebeln und den Knoblauch schälen, fein hacken und mit der Petersilie und dem Nelkenpulver mischen. Die Muscheln dazugeben und alles mit etwas Salz und Pfeffer würzen. Das Paniermehl dazugeben und dann die Mischung zusammen mit dem Öl pürieren.

3. Den Backofen auf 220 °C vorheizen. Das Mus in die Muschelschalen geben und so lange überbacken, bis die Masse goldbraun geworden ist. Die Muscheln heiß servieren.

Desserts

Desserts runden auch in Spanien gute Menüs ab. Viele davon kommen aus dem Süden und wurden stark von der arabischen Küche geprägt. Mandeln, Pinienkerne, Eier, Zucker und die vielen verschiedenen Fruchtsorten sind Ausgangsprodukte für die unterschiedlichsten Gerichte.

Arroz con leche

Reispudding

Zubereitungszeit: ca. ½ Stunde

Sie benötigen für 6 Portionen:
60 g Rundkornreis
¾ l Milch
Schale von 1 unbehandelten Zitrone
1 Zimtstange
1 Eigelb
8 EL Zucker
½ TL Zimtpulver

So wird's gemacht:

1. Den Reis etwa 10 Minuten in reichlich Wasser kochen. Das Wasser danach abgießen, den Reis mehrmals abspülen und gut abtropfen lassen.

2. Etwa ½ l Milch zusammen mit der Zitronenschale und der Zimtstange zum Kochen bringen. Den Reis in die Milch geben und ihn noch etwa 10 Minuten kochen.

3. Wenn der Reis die gesamte Milch aufgesogen hat, nach und nach die restliche, erhitzte Milch dazugießen und sie immer wieder unter Rühren verkochen lassen. Das Eigelb verquirlen und unter den Reisbrei rühren.

4. Den Topf vom Herd nehmen und die Zitronenschale sowie die Zimtstange entfernen. Den Brei mit etwas Zucker süßen.

5. Nun den Boden einer Dessertschüssel mit dem restlichen Zucker ausstreuen und den Reispudding hineinfüllen. Vor dem Servieren den Pudding mit Zimt bestreuen.

Tip

Da der Reis durch die Milch aufquillt und leicht klebrig und fest wird, sollte der Pudding sofort gegessen werden.

Buñuelos de manzana

Apfelbeignets

Zubereitungszeit: ca. 20 Minuten
Marinierzeit: ca. ½ Stunde

Sie benötigen für 6 Portionen:

500 g Äpfel
70 g Zucker
Saft von 1 Zitrone
5 EL spanischen Brandy oder Cognac

Für den Ausbackteig:

125 g Mehl
2 Eigelb
1 Prise Salz
⅛ l Milch
abgeriebene Schale 1 unbehandelten Zitrone
50 g Zucker
1 TL Zimtpulver
2 Eiweiß

Außerdem:

¼ l Öl zum Fritieren
Puderzucker zum Bestäuben

So wird's gemacht:

1. Die Äpfel schälen, in 1 cm dicke Ringe schneiden und das Kerngehäuse herausstechen. Den Zucker mit dem Zitronensaft und dem Cognac verrühren und die Apfelringe darin wälzen. Sie etwa ½ Stunde im Kühlschrank durchziehen lassen.

2. Das Mehl mit den Eigelben und dem Salz verrühren, nach und nach die Milch, die Zitronenschale, den Zucker und den Zimt dazugeben.

3. Die Eiweiße steif schlagen, unter den Teig heben und ihn noch etwa ½ Stunde ruhen lassen.

4. Das Öl erhitzen. Die Apfelringe in den Ausbackteig tauchen und dann in das sehr heiße Fritieröl geben. Darin goldbraun backen. Die gebackenen Beignets auf Küchenpapier abtropfen lassen. Zum Servieren auf eine Platte legen und mit dem Puderzucker bestäuben.

Tip

Der Beignetteig ist zum Ausbacken unterschiedlichster Früchte geeignet. Im Süden Spaniens werden auch die Blätter des Zitronenbaumes auf diese Weise zubereitet.

Flan

Karamelpudding

Zubereitungszeit: ca. 50 Minuten

Sie benötigen für 6 Portionen:

5 Eier
10 EL Zucker
½ l Milch

So wird's gemacht:

1. Die Eier schaumig schlagen. 5 Eßlöffel Zucker und die Milch hinzufügen und alles gut verrühren.

2. Den Boden einer feuerfesten Puddingform (Metallform zum Verschließen) oder einer flachen Auflaufform mit Zucker ausstreuen und diesen bei starker Hitzezufuhr schmelzen lassen und leicht karamelisieren. Die Form schwenken, so daß der Boden mit dem karamelisierten Zucker überzogen ist. (Bei empfindlichen Steingutformen empfiehlt es sich, den Zucker in einem Pfännchen zu karamelisieren und erst dann die Form mit dem Karamel auszugießen.)

3. Die geschlagene Eiercreme in die Form füllen. Die Puddingform mit dem Deckel verschließen oder die Auflaufform mit Alufolie abdecken.

4. Die Puddingform in einen Dampfdrucktopf, der mit wenig Wasser gefüllt ist, stellen. Den Topf verschließen und die Creme darin 5 Minuten kochen. Den Topf vom Herd nehmen und die Creme etwa 10 Minuten ruhen lassen. (Die Auflaufform in die mit heißem Wasser gefüllte Fettpfanne in den Backofen stellen und bei 140 °C etwa ¾ Stunden garen.) Die Creme herausnehmen, abkühlen lassen und bis zum Servieren kühl stellen. Den Pudding vor dem Servieren auf eine tiefe Platte stürzen.

Variation

Sie können den Flan auch in kleinen Förmchen zubereiten und ihn dann in einem Wasserbad im Backofen bei 140 °C etwa 35 Minuten garen.

Leche frita

Gebackene Milch

Zubereitungszeit: ca. 50 Minuten
Kühlzeit: ca. 2 Stunden

Sie benötigen für 6 Portionen:

5 gehäufte EL Mehl
¾ l Milch
abgeriebene Schale von 1 unbehandelten Zitrone
5 EL Zucker
25 g Butter
Butter zum Ausfetten der Form
2 Eigelb
etwas Paniermehl
Öl zum Fritieren
Zucker und Zimtpulver zum Bestreuen

So wird's gemacht:

1. Das Mehl mit etwas Milch cremig rühren.
2. Die restliche Milch zusammen mit der Zitronenschale, dem Zucker und der Butter zum Kochen bringen. Kurz bevor die Milch zu kochen beginnt, das angerührte Mehl hinzufügen und es unter ständigem Rühren 5 bis 7 Minuten ausquellen lassen, so daß eine dicke Creme entsteht.
3. Eine breite, flache Form mit etwas Butter ausfetten und die Creme hineingeben. Sie für mindestens 2 Stunden kühl stellen. Sie sollte danach ganz fest geworden sein.
4. Die Creme in etwa 4 cm große Quadrate schneiden. Sie in dem verquirlten Eigelb und dem Paniermehl wenden und im heißen Öl goldbraun fritieren.
5. Die Stücke herausnehmen, auf Küchenkrepp etwas abtropfen lassen und auf eine Platte legen. Mit etwas Zucker und Zimt bestreuen.

Natillas

Vanillecreme

Zubereitungszeit: ca. 40 Minuten
(ohne Zeit zum Abkühlen)

Sie benötigen für 4 Portionen:

1 Vanilleschote
Schale von 1 unbehandelten Zitrone
½ l Milch
4 Eigelb
50 g Puderzucker
1 TL Speisestärke
Zimtpulver zum Bestreuen

So wird's gemacht:

1. Die Vanilleschote halbieren, das Mark herausschaben. Die Schale, das Mark und die Zitronenschale zur Milch geben und alles zum Kochen bringen. Die Milch vom Herd nehmen und zugedeckt beiseite stellen.
2. Die Eigelbe, den Puderzucker und die Stärke so lange verquirlen, bis eine weiße Creme entsteht. Die warme Milch nach und nach unter ständigem Rühren hinzufügen.
3. Die Creme in einen feuerfesten Topf füllen und im Wasserbad etwa ¼ Stunde kochen. Dabei hin und wieder umrühren. Die Creme vom Herd nehmen und sie noch so lange durchrühren, bis sie etwas abgekühlt ist und sich keine Haut mehr auf der Oberfläche bilden kann.
4. Die Creme in flache, 12 cm große Dessertschälchen füllen und im Kühlschrank erkalten lassen. Vor dem Servieren mit Zimtpulver bestreuen.

Torrijas

Arme Ritter

Zubereitungszeit: ca. 1/4 Stunde
Quellzeit: ca. 1/2 Stunde

Sie benötigen für 8–10 Portionen:

400 g Zucker
1/2 l Milch
1 Baguette oder 1 Stange spanisches Weißbrot
3 Eier
Öl zum Fritieren
Zimtpulver zum Bestreuen

So wird's gemacht:

1. Etwa 300 ml Wasser und 250 g Zucker zu einem Sirup verkochen.
2. Die Milch in eine große Schüssel geben und etwa 100 g Zucker darin unter Rühren auflösen.
3. Das Weißbrot in 2 cm dicke Scheiben schneiden und etwa 1/2 Stunde in der Milch quellen lassen.
4. Die Eier verquirlen. Die Brotscheiben darin wenden.
5. Etwas Öl erhitzen und die Scheiben darin von beiden Seiten 2 Minuten backen. Sie abtropfen lassen und nebeneinander auf eine Servierplatte legen. Nun den Zuckersirup darübergießen und alles mit dem restlichen Zucker und etwas Zimtpulver bestreuen.

Tip

Diese traditionelle Nachspeise wird besonders gern in der Osterwoche zu Sangria gegessen. Man kann die Scheiben statt in Milch auch in gezuckerten Weißwein legen. Dann sollten sie jedoch nicht mit Zuckersirup beträufelt werden.

Postre medieval

Mittelalterliches Dessert

Zubereitungszeit: ca. 10 Minuten

Sie benötigen für 6 Portionen:

- 250 g Burgos- oder Schichtkäse
- 6 EL Honig
- 100 g gehackte Walnüsse

So wird's gemacht:

1. Den Schichtkäse auf sechs Desserttellern verteilen.

2. Über jede Portion 1 Eßlöffel Honig träufeln und die Walnüsse darüberstreuen.

Granadas con zumo de naranja

Granatäpfel mit Orangensaft

Zubereitungszeit: ca. 20 Minuten
Kühlzeit: ca. 1 Stunde

Sie benötigen für 4 Portionen:

- 2 Granatäpfel
- Saft von 2 Orangen
- 4 EL Zucker
- 2 TL Vanillezucker
- 200 g süße Sahne

So wird's gemacht:

1. Die Granatäpfel halbieren und die Kerne mit einem Teelöffel herausheben. Die weiße Haut, an der die Kerne kleben, abziehen.

2. Nun die roten Kerne in vier kleine Dessertschälchen geben und den Orangensaft, den Zucker und den Vanillezucker hinzufügen. Das Dessert für mindestens 1 Stunde kalt stellen.

3. Zum Servieren die Sahne steif schlagen und in kleinen Tupfen auf die Granatapfelkerne setzen.

Tip

Man kann die Granatapfelkerne auch in gezuckerten Rotwein legen. In diesem Falle allerdings keine Sahne dazu servieren.

Fresas con vino

Erdbeeren mit Rotwein

Zubereitungszeit: ca. 20 Minuten
Kühlzeit: ca. 2 Stunden

Sie benötigen für 4 Portionen:

500 g geputzte Erdbeeren
½ l spanischen Rotwein
50 g Zucker

So wird's gemacht:

1. Die Erdbeeren in dünne Scheiben schneiden.
2. Den Rotwein und den Zucker so lange verrühren, bis sich der Zucker aufgelöst hat.
3. Dann die Erdbeeren in den Wein legen und das Dessert für mindestens 2 Stunden kühl stellen.

Peras al vino

Birnen in Rotwein

Zubereitungszeit: ca. ½ Stunde

Sie benötigen für 6 Portionen:

6 geschälte Birnen
250 g Zucker, 1 Zimtstange
½ l spanischen Rotwein
½ TL Zimtpulver

So wird's gemacht:

1. Die Birnen in einen Topf geben, sie mit dem Zucker bestreuen und die Zimtstange dazulegen. Den Rotwein darübergießen und alles etwa ½ Stunde kochen lassen.
2. Wenn die Birnen weich sind und der Rotwein etwa zur Hälfte eingekocht ist, den Topf vom Herd nehmen und die Birnen im Kühlschrank erkalten lassen.
3. Die Birnen zusammen mit dem Rotwein auf sechs Dessertschälchen verteilen, mit Zimt bestreuen.

Cubos de melón a la tropical

Gefüllte Melonen nach tropischer Art

Zubereitungszeit: ca. ½ Stunde
Kühlzeit: ca. ½ Stunde

Sie benötigen für 4 Portionen:

4 kleine Honigmelonen
200 g Erdbeeren
200 g entkernte Kirschen
200 g Pfirsiche
200 g Bananen, 200 g Ananas
150 g Zucker
5 EL spanisches Kirschwasser
Eiswürfel

So wird's gemacht:

1. Die Melonen halbieren. Ein kleines Stück am Stiel- und am Blütenansatz abschneiden, damit die Hälften besser stehen bleiben. Die Kerne herausnehmen, dann das Fruchtfleisch mit einem Löffel herausheben und es kleinschneiden.

2. Die Melonenschalen in vier Dessertschalen setzen und kühl stellen.

3. Nun die restlichen Früchte kleinschneiden. Die Melonenstücke, den Zucker und das Kirschwasser daruntermischen. Den Fruchtsalat für mindestens ½ Stunde kalt stellen.

4. Zum Servieren die Melonenschalen mit dem Fruchtsalat füllen und mit einigen Eiswürfeln umlegen.

Tip

Die für die Füllung angegebene Menge kann nur ein Richtwert sein. Sie hängt von der Größe der Melonen ab. Die Fruchtsorten lassen sich je nach Saison variieren.

Pastel de higos

Feigenparfait

Zubereitungszeit: ca. 45 Minuten
Gefrierzeit: ca. 4 Stunden

Sie benötigen für 6 Portionen:

Für das Parfait:
125 g Zucker
5 Eigelb
1 Ei
400 g süße Sahne
200 g frische oder getrocknete Feigen

Für die Sauce:
¼ l Milch
100 g Zucker
1 Zimtstange
125 g sehr feingehackte Walnüsse

So wird's gemacht:
1. Den Zucker mit 1 Eßlöffel Wasser beträufeln und schmelzen, den Sirup erkalten lassen.
2. Die Eigelbe, das Ei und den Zuckersirup zu einer feinen weißen Creme aufschlagen und sie kühl stellen.
3. Nun die Sahne steif schlagen. Die Feigen pürieren und zusammen mit der Eiercreme unter die Sahne heben. Die Masse in eine Kastenform füllen und für mindestens 4 Stunden ins Gefrierfach stellen.
4. Für die Sauce die Milch, den Zukker, die Zimtstange und die Nüsse zum Kochen bringen. Die Zimtstange herausnehmen. Die Sauce gut verrühren.
5. Das Parfait auf eine Platte stürzen, in Scheiben schneiden und zusammen mit der lauwarmen Nußsauce servieren.

Piña con ron

Ananas mit Rum

Zubereitungszeit: ca. 20 Minuten
Gefrierzeit: ca. 4 Stunden

Sie benötigen für 6 Portionen:
1 große oder 2 kleine Ananas
2 EL Rum
3 Eiweiß
1 Prise Salz
300 g süße Sahne
4 EL Puderzucker

So wird's gemacht:
1. Die Ananas längs halbieren. Das Fruchtfleisch mit einem scharfen Messer herausschneiden, dabei aber die Schale nicht verletzen. Den harten Strunk in der Mitte entfernen.
2. Das Fruchtfleisch mit dem Rum in einem Mixer pürieren. Die Eiweiße steif schlagen und etwas Salz hinzufügen. Die Sahne mit dem Puderzucker steif schlagen.
3. Etwas Sahne zum Garnieren beiseite stellen. Das Fruchtpüree mit dem Eiweiß und der restlichen Sahne vorsichtig mischen.
4. Das Innere der Ananas mit einem Küchentuch trockentupfen. Die Creme hineinfüllen und die Ananas für mindestens 4 Stunden ins Gefrierfach stellen. Zum Servieren mit der restlichen Sahne garnieren.

Variation
Statt Rum können Sie auch Cointreau oder einen anderen Likör verwenden.

Tarta de almendras

Mandeltorte

Zubereitungszeit: ca. 1½ Stunden

Sie benötigen für 1 Torte (12 Stücke):

- 7 Eier
- 100 g Butter
- 150 g Mehl
- Butter zum Ausfetten der Form
- 500 g gemahlene Mandeln
- 500 g Zucker
- 1 TL Zimtpulver
- 100 ml süßen Sherry
- 50 g Puderzucker

So wird's gemacht:

1. Aus 1 Ei, der Butter, dem Mehl und falls notwendig etwas Wasser einen festen Teig kneten.

2. Den Backofen auf 200° C vorheizen. Eine Springform (30 cm ⌀) ausfetten, den Teig auf einer bemehlten Arbeitsfläche hauchdünn ausrollen, in die Springform legen und einen Rand hochdrücken.

3. Die restlichen Eier verquirlen, die Mandeln, den Zucker, den Zimt und den Sherry darunterrühren. Die Mandelmasse auf den Teig geben.

4. Die Mandeltorte 60 bis 70 Minuten backen. Mit einem Holzstäbchen hineinstechen. Es sollte nichts mehr daran hängenbleiben. Gegebenenfalls die Torte noch ein paar Minuten länger backen.

5. Die Torte herausnehmen und erkalten lassen. Auf eine Tortenplatte legen und mit dem Puderzucker bestreuen.

Tip

Diese Torte ist eine galizische Spezialität und unter dem Namen Santiago-Torte bekannt. Es ist üblich, in die Mitte eine Schablone des Santiago-Kreuzes oder der Santiago-Muschel (Jakobsmuschel) zu legen, bevor man sie mit dem Puderzucker bestreut. Die Schablone dann abheben.

Tarta de naranja

Orangentorte

Zubereitungszeit: ca. 1 Stunde

Sie benötigen für 1 Torte (8 Stücke):

- 4 Eier
- 200 g Zucker
- 3 unbehandelte Orangen
- 100 g gemahlene Mandeln
- 25 g Butter zum Ausfetten der Form
- 1 EL Mehl
- einige Orangenscheiben zum Garnieren

So wird's gemacht:

1. Die Eier trennen und die Eigelbe mit 150 g Zucker cremig rühren. Die Schale von den Orangen abreiben, zu den Eigelben geben, die Mandeln hinzufügen und alles zu einer Creme verrühren.

2. Nun die Eiweiße zu Schnee schlagen und unter die Masse heben.

3. Den Backofen auf 180° C vorheizen. Eine Springform (22 cm ⌀) ausfetten und mit dem Mehl ausstreuen. Die Masse hineingeben und etwa ¾ Stunden backen.

4. Die Orangen auspressen. Den Saft mit dem restlichen Zucker verrühren.

5. Die Torte aus dem Ofen nehmen, abkühlen lassen und mit dem Orangensaft tränken. Sie zum Schluß mit einigen Orangenscheiben belegen.

Register

Die Erklärung wichtiger Abkürzungen und Zeichen:

TL	= Teelöffel	kg	= Kilogramm	Msp.	= Messerspitze	ca.	= circa
EL	= Eßlöffel	ml	= Milliliter	cm	= Zentimeter	TK	= Tiefkühl-
g	= Gramm	l	= Liter	∅	= Durchmesser		

In der Reihe „FALKEN Länderküche" sind u. a. folgende Titel erschienen:
„Italien" (Nr. 4172)
„Frankreich" (Nr. 4296)
„Thailand" (Nr. 4722)
„China" (Nr. 4184)

Die Deutsche Bibliothek – CIP-Einheitsaufnahme

FALKEN Länderküche Spanien / Anneliese Puente. – 2. Aufl. – Niedernhausen/Ts. : FALKEN, 1994
1. Aufl. u. d. T.: Schlemmerreise durch die spanische Küche
ISBN 3-8068-4500-X
NE: Puente, Anneliese; Spanien

ISBN 3 8068 4500 X

Titelbild: TLC-Foto-Studio GmbH, Velen-Ramsdorf (auf dem Foto: Valencianische Paella, Rezept Seite 88)
Fotos: TLC-Foto-Studio GmbH, Velen-Ramsdorf; Fotos Seite 7, 9 und 10/11: A.G.E. Foto Stock, Barcelona; Fotos Seite 22 (Morchel und Kräuterseitling): H. Grünert, Gilching; Foto Seite 22 (Schirmling): SAVE-Bild, Schork, Augsburg; Foto Seite 22 (Edelreizker): H. Schrempp, Breisach; Fotos Seite 8/9: Hot Shot-Fotografenteam, Seite 10 oben; Erika Craddock und Seite 10 unten: Layer, alle drei Silvestris Fotoservice GmbH, Kastl Obb.
Zeichnung Seite 6: Agnes Stockmann-Sauer, AS-Design, Offenbach
Satz: LibroSatz, Kriftel bei Frankfurt/Main
Druck: Appl, Wemding

817 2635 4453 62